身近なところからはじめる建築保存

潁原澄子
Ebara Sumiko

弦書房

〔表紙裏写真〕
軍艦島（著者撮影）
〔扉写真〕
熊本県営保田窪第一団地
（著者撮影）

身近なところからはじめる建築保存◉目次

はじめに

私たちの生活空間は、さまざまな建築から成り立っている。住宅はじめ、店舗、駅、病院、学校、公共施設、オフィス、工場……。建築を使わない日、建築に触れない日はめったにない。だが、建物がある日、取り壊され、そこに新しい建物が建てられることになっても、生活に支障がなければ何とも思わない。そこに何が建っていたのかすら思い出せない。そのようなことが、実際、よく起こっている。

建築をつくる行為に携わったことのある人ならば、それは少し寂しいことだと思うだろう。建築設計事務所に勤める人は、寝る間を惜しんで図面を書いている。多くの材料、時間、資金、そして職人さんの労力を費やし、人々の生活を支えるために建てられた建築は、本当は、使い方しだいでもっと長く、私たちと生活をともにできるはずである。

今現在、日本各地で、建築保存運動というものが行われている。熱く、活発なものもあれば、静かに、地道に続けられているものもある。そうした活動には、建築や建築保存の専門家、文化財担当の行政ももちろん関与するのだが、運動自体に参加しているのは、必ずしも建築を専門としているばかりではない多くの人々である。

建築保存とは、何も、専門家にしか口出しできないことではない。いや、むしろ、それとは反対に、人々の声があってはじめて、建築保存運動は成り立つものである。

ここでいう人々の声の主、それが建築保存運動の主体である。

建築保存運動の主体としては、次の三つが考えられよう。

・「持ち主」
・「利用者」
・持ち主でも利用者でもないが、その建物に「愛着を持つ人」

まず、「持ち主」であるが、建築の保有者たる「持ち主」がその建築を保存したいと願う場合は、一番、幸福な場合であり、多くの場合、資金や技術上の問題があったとしても、何らかの解決法を捻出することが可能である。

次に、「利用者」は、持ち主ほどの発言権、実行力を持たないものの、例えば、神奈川県立音楽堂（一九五四年・前川國男設計）の場合、建替え計画が持ち上がった時には、その木のホールの音響を高く評価する音楽家たちが保存運動に大きな役割を果たした。また、旧東京音楽学校奏楽堂（一八九〇年・山口半六、久留正道設計）が老朽化のため、明治村に移築される構想が出た時にも、奏楽堂にゆかりのある音楽家たちが中心となり「奏楽堂は上野の杜から出るべきではない」という一致した見解を掲げて運動をした結果、当時の内山台東区長の英断もあり、上野公園の一角に敷地を得て、移築の距離を、当初建てられた場所から数百メートルに留めることができたのである。

そして、建築保存運動においては、三番目に掲げた「愛着を持つ人」も、それなりの発言権を与えられてしかるべきである。建築は、基本的に誰かの財産ではあれ、それが公の土地に接して建ち、その姿を日常的に人々の目にさらしている以上、その建築の姿を生活空間の一部として認識している人々がいる。そうした人々は、その建築を、自分の記憶の原風景を構成するものの一つと捉え、愛着を持って眺めるようになる。彼らにとって、その建築を失うことは、記憶の原風景の一部を失うことである。先に復原工事が完了した東京駅丸ノ内駅舎（一九一四年・辰野金吾設計）の場合は、戦後、何度か解体の危機があったが、東京駅に愛着をもつ全国の市民が団結して一九八九年、「赤レンガの東京駅を愛する市民の会」を結成し、粘り強く活動を続けた結果、持ち主の意向をも動かし、重要文化財指定（二〇〇三年）、そして今回の復原工事への道をひらいた。また、滋賀県の豊郷小学校（一九三七年・W・M・ヴォーリズ設計）は、旧利用者たる卒業生、町民の、この建物に対する並々ならぬ愛着が町の決定を覆し、町立図書館などが入る複合施設として建築をまもり、甦らせることに成功した例である。

私たち建築保存に関わる専門家は、これまでさまざまな場所で繰り広げられて来た建築保存運動を支援して下さった多くの方々に、心から感謝の意を表するとともに、今後、より多くの建築をまもるために、一層努力して、建築の価値を伝え、それを自ら残したいという気持ちを醸成してゆくことに、力を注いでゆかねばならない。

だが、絵画や彫刻といった美術作品に比べると、建築の「読み解き方」は一般に十分、理解されているとは言いがたい。私自身、建築という三次元の造形物を言葉で表現し、価値を伝えることは、写真や図面を援用しても、なかなかに難しいことだと感じている。とくに、壮麗な神社仏閣、十分に年月を経て来た味のある民家などではなく、比較的最近に建てられた建物、例えば、モダニズムの建築などは、分かりやすい装飾を持たず、歳月の重みもそれほど感じられないために、一般には理解されにくいところがある。

本書は、もともと西日本新聞に執筆した連載記事を、改めて本としてまとめなおしたものであるが、当時から、私がとくに意識してきたのは、できるだけ噛み砕いて書くことにより、一般の方々の、建築保存に対する興味を喚起することだった。

一見、無味乾燥であるために、今まであまり興味を持たれなかった近現代建築が、実は人間味あふれる骨太の、あるいは繊細な建築家たちによって誠心誠意つくられてきたことを知ってもらいたい。一方で、いわゆる建築家の設計した建築や歴史的な価値のある古い建築に限らず、古今東西のさまざまな建築、そして、純粋に建築として認識されるものだけでなく、ひろく、船や鉄道、廃墟なども取り上げ、できるだけ多くの人に、建築につながる何らかのきっかけを摑んでもらいたい。そして、日本および世界の文化財保護に関わる制度や建築関連の市民参加型のイベントにも言及することで、建築保存にむけての第一歩は、多くの人に開かれていることを知っていただきたい。

幅広い読者を想定したため、取り扱う範囲は、思いもかけず広くなり、また、エッセイ風の文章も少なからず含まれることになった。気負いなく、日常生活の中で、気づいたところから建築保存をはじめてもらいたいという期待がそこにはある。

建築保存の世界は、まだ多くのことが議論の途上にあり、であればこそ、どんな地域でも、そのフロンティアに立てる。建築の未来は変えられる。人々がその価値に気づき、それを守りたいとさえ思えば。この思いを多くの人と共有したい。その一心である。

プロローグ

東京中央郵便局

「モダニズムの傑作」の危機

二〇〇八年七月三十一日、暑さの厳しい昼下がり、東京駅丸の内口でビラ配りをするグループがあった。彼らは丸ノ内口を出てすぐ左手にある「東京中央郵便局」の保存を訴えていた。東京中央郵便局は、一見したところ、これといった特徴はない。しかし、かつて日本を訪れ、桂離宮の美を世界に知らしめたドイツ人建築家ブルーノ・タウト（一八八〇―一九三八）が「モダニズム建築の傑作」と讃えた建物である。設計をしたのは、郵政省の前身である逓信省に勤めた建築家・吉田鉄郎（一八九四―一九五六）である。

では、この建物の何がすばらしいのか。建物をよく見てみよう。まず、しっかりとした柱型の中に彫りの深い開口部がうがたれている。その開口部は一階から三階まではガラス四枚分の高さがあるが、四階になると三枚分となる。さらに、五階は同じく三枚分の開口部だが、四階と五階の間には水平の庇があり、かつ五階部分は壁面が少し奥まったところにあるため、通りの喧噪からまもられているかのような雰囲気がある。実際、この五階には郵便局員のための仮眠室など福利厚生施設が入っている。このように、一階の接客空間から二～四階の業務空間、そして局員の福利厚生施設と、下の階から上の階へ行くに従い、徐々に公的空間から私的空間になることを、素直に表面に表したのが、東京中央郵便局のファサードなのである。

近代建築の一つの基本は機能主義である。機能主義は機能と形態が一致することを求める。東京中央郵便局はまさに機能と形態が一致したファサードを持ち、しかもそれが絶妙のリズム感をかもしだしている。この建築がモダニズム建築の傑作といわれる所以である。

東京中央郵便局を取り壊すという話は実はだいぶ昔からあった。しかし、それが現実味を帯びてきたのは郵政が民営化された頃である。なぜなら、郵政公社の不動産業務が可能となった結果、東京の一等地にある東京中央郵便局を高層化し、不動産収入で経営の立て直しをはかるという戦略が生まれたからである。

これに対して、日本建築学会はたびたび保存要望書を提出してきた。また、この種の建築保存運動としては珍しく、超党派国会議員の会も結成され、東京中央郵便局の建て替えに反対声明を出すなど、活発な保存運動が展開された。

しかし、これらの運動もむなしく、二〇〇八年六月二十五日、東京中央郵便局の建て替え構想のプレスリリースが出された。その構想は、今ある東京中央郵便局の建物正面だけを保存し、背後に超高層ビルを建てるというものだった。このようなやり方は「ファサード保存」といって、しばらく前にはよく見られた手法である。しかし、建物は皮だけ残せば良いというものではない。皮の内側に包まれた空間があってこその建物の表面なのである。私はこのプレスリリースを見て、文字通り凍りつくとともに、ああ、東京中央郵便局もこれまでか、と苦々しい思いを噛みしめた。そこへ飛び込んで来たのが、最初に述べたビラ配りの一団の話だった。

ビラ配りをした一人の兼松紘一郎氏は当時、日本における近代建築保存活動の中心となっているドコモモ・ジャパンの幹事長を務めていた。ドコモモ（DOCOMOMO）とは、D-ocumentation and Conservation of buildings, sites and neighborhoods of the Modern Mov-ement（モダン・ムーブメントにかかわる建物とそれをとりまく敷地環境の記録調査および保存）の略である。始終一貫して活動をしてきたドコモモがまだ諦めていないことに私は大きく力づけられるとともに、私も何かをせねばという思いを強くした。

建物の保存、とくに近代や現代の比較的新しい建築の価値は一般にはまだよく知られていない。また、日本国の文化財制度では、国の登録文化財となる規準は築後五十年とされているが、この制度はあくまでも持主の意向があってのものなので、持主たる郵政公社が

東京中央郵便局

取壊しを望んでいる場合には無力である。さらに、日本ではバブル崩壊後の不況を経た今でも、依然としてスクラップ・アンド・ビルドの風習が抜けきらない。そのため、築後五十年を待たずして建て替えの脅威にさらされる建物が数多く存在している。これらの近現代建築を救うためには、より多くの方々にこれらの建築の魅力と価値を理解していただくことが不可欠である。

吉田鉄郎が最後に残したのは「日本中に平凡な建築をいっぱい建てたよ」という言葉だったそうだ。郵便局のように日本全国に建てられる建物は、標準設計といって、ある規格のもとに効率よくつくられねばならない。吉田は、とくに目立つことを期待されない郵便局という建物を、その実務的要求に誠実にこたえながらつくりつづけたのである。吉田の姿勢は、建築家の良心そのものであるように思われる。このような謹厳な建築家がいたこと、そして彼らが誠心誠意つくってきた、一見、平凡にみえる建築のことを、よりよく知っていただきたいと考えている。

制度に関して

ウィリス社本社

文化財の築年数

近代建築に関わる記録と保存を目的として活動をしているドコモモが設立されたのは一九八八年のことである。設立を呼びかけたのは当時アイントホーヘン工科大学のフーベルト・ヤン・ヘンケット氏。オランダは今では世界遺産となっているリートフェルト設計のシュレーダー邸があり、モダン・ムーヴメントの遺産のある重要な一地域だが、二十年前、オランダでさえ、モダン・ムーヴメントの建物は価値を見出されず、存続の危機にさらされていたのだ。

その頃、人々が関心を持っていたのは、より古い時代の建物だった。このように、古ければ古いほど価値があると考えるのはある程度、自然なことである。例えば、古いもの好きの印象のある英国は、実は国家による建造物保護は意外に遅く、一八八二年にようやく古記念物保護法が発布されたが、当初、この法律によって保護されたのはストーンヘンジなど先史時代の遺跡六十八件で、建物に関しては保護体制が整備されるのはずっと後のことだった。そこで、英国では市民が自主的に建物の保護に乗り出すのだが、そのような動きの中で設立されたのが、ウィリアム・モリスが中心となった古建築保護協会であり、オクタヴィア・ヒルらが中心となったナショナル・トラストだった。そして、一向に保護される対象が広がらないのに業を煮やした人々が、古記念物協会（一九二四年）、ジョージアン・グループ（一九三七年）、リージェンシー協会（一九四七年）、ヴィクトリアン協会（一九五八年）、二十世紀協会（一九七九年）と、次々と建築保護団体をつくってきた。

しかし、このようにある年代や様式の建物の保護を訴えるというやり方では、従前の保護団体によって保護されない建物をまもろうという団体がイタチごっこのように次々と設立されねばならない。

そこで、より包括的な保護体制が必要となるわけだが、それを担ったのは、英国の場合、さまざまな制度や権力構造との折り合いの方法を地道に模索してきた国の制度だった。それは第二次世界大戦のさなか、一九四四年のことだった。この年に発布された都市農村計画法は、各自治体が責任をもって保護対象建物のリストを作成することを要求したのだ。これが、一九九六年、日本の登録文化財制度にも大きな影響を与えた「登録文化財　リステッド・ビルディング」制度のもとである。現在、英国には五十万件ほどの登録文化財が

ガラス面に町並みが映り込むウィリス本社〈上〉と
内部を貫くエレベーター

ウィリス社本社。屋上は一面の芝生。まるで地上の公園のよう

あり、それぞれの建物がグレードⅠ《ワン》（約九〇〇〇件）、グレードⅡ＊《ツースター》（約一万九〇〇〇件）、グレードⅡ《ツー》（その他）に分けられている。

そして、日本と英国の登録文化財制度の違いは、日本の登録文化財制度が、築後五十年を規準としているのに対し、英国では築年代よりも建築自体の価値により登録を進めようとしている点である（注1）。このため、英国では、一九七五年に竣工したウィリス社の本社屋が築後わずか十六年の一九九一年にグレードⅠに登録されたりしている。この建物があるのは、ロンドンから列車で一時間半ほどのイプスウィッチという町である。設計者はノーマン・フォスター卿。建物に入るとまず、一階から三階までを貫くエスカレーターに結ばれて、間仕切りのない執務空間が広がる。また、屋上の庭園は、低い生垣が手摺を隠しており、まるでどこか地上の公園のようである。執務空間の利便性にも優れている。この建物は、一九七五年にできたにもかかわらず、IT革命を予測してコンピューター等のOA機器の配線が自由にできる床下空間を備えているのだ。そして、外壁は黒色のガラスだが、このガラスはいわゆる反射ガラスになっており、昼間は町の風景が映り込んで違和感を持たせず、夜は逆に内部空間が幻想的に浮かび上がるという趣向になっている。現代的な建築でありながら、イングランドの伝統的な町にとけこむようデザインされているのである。

その後、二〇一一年には、フォスターと並ぶハイテックの建築家として知られるリチャード・ロジャース卿のロイズ・オフ・ロンドン（一九八六年）もグレードIに認定された。これらの建築は、経年変化に対する可変性を見越した建築であり、設備機器の取替ほか、プランの変更を念頭においている。よって、いわゆる「凍結保存」はこれらの建築には不適当である。イングリッシュ・ヘリテージは不適切な改変は阻止する必要があるが、フレキシビリティは確保したいと述べている。

改変の範囲はどこまで認められるかという議論は、新しい建物に限らず、すべての建物に関わるものであろう。その判定の難しさは推して知るべしであるが、日本のように、いまだに建物の建替サイクルが早い国においてこそ、このような取り組みを見習い、築年数によらない建築保護の方策をより拡充したいものである。

（注1）築年代に関する規定は、一九八七年の環境省通達第八号（The Department of the Environment Circular 8/87）で、築三十年以内のものでも、特筆すべき価値があり危機に晒されている場合は、築後十年以内でない限り、登録可能となった。さらに、二〇一〇年のPrinciples of Selection of Listing buildingsでは十年という記述もなくなり、築三十年以内のものは、特筆すべき価値がある場合と危機に晒されている場合には登録できることになった。

団地

時代映す多様性と可能性

近年、「団地」が見直されている。『僕たちの大好きな団地』（二〇〇七年・洋泉社）、『団地巡礼』（二〇〇八年・二見書房）、『団地ノ記憶』（二〇〇八年・洋泉社）など、少し検索しただけでも何冊もの団地に関する書籍が見つかる。

私事ながら、私も団地育ちである。都営戸山ハイツといえば、戦後の住宅政策のなかで一九四九年、日本の公営アパート第一号として整備されたことを団地マニアの方はご存知だろう。当時のアパートは木造平屋建てだったが、私が住んだのはその後一九七〇年代に改築された高層棟の一つである。戸山にはもともと徳川尾張藩下屋敷があり、当時つくられた廻遊式庭園の名残の「箱根山」という小山を取り囲みながら、三十数棟の住棟が比較的ゆったりと配置されている。各戸はせまくとも、周辺に緑が多く、公園の中に住んでいるような開放感があるところが、都営戸山ハイツの魅力である。

トレリック・タワー

私は、戸山ハイツを文化財に、などと大それたことを言うつもりはないが、日本では国の文化財となっている近代的な集合住宅が一つもないことには疑問を感じないでもない。ドコモモ一五〇選に含まれていた一連の同潤会アパートは次々と取り壊されてしまった。また、ル・コルビュジエが設計したマルセイユのユニテ・ダビタシオンに影響を受けた東京の晴海高層アパート（一九五四年・前川國男設計）も今はない。

ふたたび、英国の例をみてみよう。英国では、築年代よりも純粋に建物の価値に照らして登録文化財が生まれている（本書二十二ページ参照）。中には第二次世界大戦後に建設された集合住宅も含まれている。多くはグレードⅡに分類されているが、トレリック・タワー（一九七二年）、アレクサンドラ通りの住宅（一九七八年）はグレードⅡ＊である。トレリック・タワーは三十一階建て高層建築で、蚤の市で有名なノッティング・ヒルのすぐそばにある。一方、アレクサンドラ通りの集合住宅はビートルズで有名なアビー・ロードに接する中層住宅だ。トレリック・タワーはさすがに内部に入るのは難しいが、アレクサンドラ通りの集合住宅は、住棟が二列に配され、間をローリー通りという小径が走っているので見学しやすい。この小路は、両側の住戸が上階に行くにつれてセットバックしているため、とても日当りがよく気持ちのよい空間となっている。また、各戸へは専用階段でアクセスするため、プライバシーが確保しやすく、それでいて通りは常に住民の視線にさらされており、防犯性にも優れている。

アレクサンドラ通りの集合住宅では、メンテナンスのための細かなガイドラインが定められ、全体として大変よく手入れが行き届いている。これは、早めに登録文化財になったことの功績かもしれない。ちなみに、この集合住宅は映画「こわれゆく世界の中で」（二〇〇六年）でジュリエット・ビノシュ演じるボスニアから亡命した母子が住む場所として登場する。

住宅が壊されるとき、よく「ライフスタイルの変化」が理由に挙げられる。しかし、私はこの理由にやや疑問を感じる。ライフスタイルは確かに変化するが、すべての人のライフスタイルが変化するわけではない。新築の住宅はその時代にもっとも求められている形を提案すべきだが、一方でさまざまな時代に提案されてきた住宅を少しずつ残して行けば、それだけでさまざまなタイプの住宅が得られるはずである。

集合住宅の活用に関しては、エレベーター設置方法や二戸を一戸に統合する方法、あるいは増築ならぬ減築といって、建物の一部を取り壊すことで採光や通風をよくする方法が考案されている。個々のこのような提案はそれぞれに魅力的だが、これに加えて、今のプランならどんな人がそこに住めるか考えてみるのもよいだろう。老若男女を問わず単身暮らしの数も増加している。彼らにとって、三十二～四十平米の住居（晴海高層アパートの

アレクサンドラ通りの住宅

広さ）は狭いだろうか？　集合住宅の保存は、ますます多様化するライフスタイルに対して、選択肢を広げることに繋がるのではないだろうか。

カルカソンヌ

世界遺産への道

南仏のカルカソンヌは古来「カルカソンヌを見ずして死ぬなかれ」といわれた名所である。その起源は紀元前六〇〇年頃まで遡る。現在のフランスとスペインの国境近くにあり、交通の要衝でもあったため、町は要塞化され、二重の城壁に五十余りの櫓が配されている。カルカソンヌは一九九七年にはユネスコの世界遺産に登録され、現在、フランスの中ではモン・サン・ミシェルに次ぐ人気を誇っているそうだ。

だが、この世界遺産登録までには、ちょっとしたつまずきがあった。実は、カルカソンヌは一九八五年に一度登録を留保された過去があるのだ。

これには、ヴィオレ・ル・デュク（一八一四―一八七九）という十九世紀の修復建築家の仕事の評価が関係している。

彼は、なかなかの反骨精神の持主であったらしく、当時のフランス建築界でギリシャ・

ローマの古典主義建築を中心に教育していたエコール・デ・ボザールの権威主義を嫌ってそこへの入学を拒否したという経歴を持ち、むしろ自ら各地を旅する中で、とくにゴシック建築への興味を深めていった人物である。

そして彼は、のちに修復現場で得た知見をもとに十巻におよぶ『中世建築事典』を著し、ゴシック建築においては、その特徴とされる尖頭アーチをはじめとした各要素が、隅々にわたって構造合理に貫かれたものとなっていることを説明した。

しかし、彼のあまりに徹底したゴシック主義は、歴史的建造物を修復する際、彼が理想的と考えた姿、すなわち、その建物がかつてあったこともない姿に改造することにも繋がった。

カルカソンヌの場合、本来、カルカソンヌ周辺の南仏地域では、屋根は焼瓦を使って緩い勾配で葺かれていたが、ヴィオレ・ル・デュクは、北方フランスの邸館や城館で使われたスレート（薄い石材）を使って急な屋根勾配にしてしまった。これは、学術的に明らかに誤っていた。それに対し彼は、円錐形や複雑な屋根形状の場合、焼瓦よりもスレートの方が雨じまいがよく、しかも施工しやすいのだと主張した。

だが、実用性・審美性のために学術性を無視してよいはずはない。現在、ユネスコの諮問委員会として世界遺産登録の審査をしているイコモスを設立させたヴェニス憲章（一九

カルカソンヌの城塞。青色の屋根がスレート葺、
オレンジ色の屋根が焼瓦葺

カルカソンヌ城から見た焼瓦の屋根がつづく町並み

六四）は、「推測による修復を行ってはならない」と言っている。ヴィオレ・ル・デュクの修復は歴史的建造物に加えられた汚点とみなされるようになった。八十年代にカルカソンヌを世界遺産に申請したとき、申請側は、ヴィオレ・ル・デュクの仕事になるべく触れずに、あくまでも城塞都市の遺構としての価値を訴えたようである。だが、ヴィオレ・ル・デュクの仕事から目をそらしたままカルカソンヌを語ることは難しい。結果、世界遺産登録は留保となってしまったのだった。

この流れに変化が現れたのは九十年代に入ってからである。実は、その変化には日本も少なからず貢献している。日本はかねてから世界遺産の登録基準がヨーロッパの、すなわち石の文化に基づいたものであることに疑問を呈していた。そして、一九九四年に奈良で開かれた国際会議で、歴史的建造物の価値とは、それぞれに異なる文化、時代背景を尊重した上で判断されるべきだと主張した。これにより、日本は木造文化の中で石造とは異なる方法で維持されてきた法隆寺ほか数多くの木造建築を世界遺産登録に導いた。

一方、この流れは、ヨーロッパ諸国にも影響をおよぼし、カルカソンヌの評価にも変化を与えた。ヴィオレ・ル・デュクの修復は、十九世紀的修復の例として、すでに歴史的価値を有するものだと判断されたのである。つまり、二十世紀的価値観でヴィオレ・ル・デュクの修復を批判するのではなく、十九世紀、荒廃しきった城塞をまもるために行われた当時の人々の技術の証左、そして当時のヨーロッパ諸国を席巻したゴシック・リヴァイヴァルの所産として尊重しようということになったのである。

何をもって建築を評価するのか。一度は批判をされたものが、逆にその建築の価値の一部となることもある。重要なのは、すべての過去には事由があり、それなりに価値があることを認識すること、すなわち歴史的建造物の中に蓄積された過去を正視することなのだということを、カルカソンヌの事例は示している。

世界遺産なるか

ル・コルビュジエの偉業

二〇一一年、平泉が世界文化遺産に、小笠原が世界自然遺産に、そして山本作兵衛の炭坑記録画が世界記憶遺産に登録されたのは大変に喜ばしいことであった。

だが一方で、建築関係者として残念だったのは、上野の国立西洋美術館を含めた「ル・コルビュジエの建築作品——近代建築運動への顕著な貢献」が「記載延期」となったことである。その主な理由には「シリアル・ノミネーション」の仕方に関する疑問が挙げられた。

「シリアル・ノミネーション」とは、基本的に、ある同一のテーマに属するもので、二つ以上の土地に存在するものをまとめて推薦する方式である。多くの遺産を一括して登録できる一方、テーマや構成遺産の選定規準の設定がなかなかに難しい。

このような推薦形態が生まれた背景には、世界遺産の数があまりにも多くなり、また、

国立西洋美術館本館

登録されたものがヨーロッパ地域に偏っていたということがある。中でも、キリスト教関連物件の登録が多いことが問題となった。

そこで、スペインは、一九九三年に「サンチアゴ・デ・コンポステーラへの巡礼路」という名称で、巡礼路に沿って建てられた数多くのロマネスク様式の教会堂などを一括して登録した。

今回のル・コルビュジエの作品群の推薦もこれと同様に、彼の作品をまとめて登録しようとしたものだった。

だが、「サンチアゴ・デ・コンポステーラへの巡礼路」の構成資産が巡礼路沿いに分布する比較的分かりやすいものであったのに対し、「ル・コルビュジエの建築作品」の構成遺産の選び方には、いくつかの問題点・疑問点がある。

まず、ル・コルビュジエが晩年に取り組んだ壮大な都市計画であるチャンディガール（インド）が含まれていないのは大きな問題だろう。チャンディガールは二〇〇八年の「ル・コルビュジエの建築と都市計画」推薦の直前に構成資産となることを辞退したのであるが、ル・コルビュジエの活動の中でも都市計画はかなり大きな部分を占めており、彼の都市計画が実現に至った例として本来チャンディガールは、外されるべきではないだろう。

また、ル・コルビュジエはその偉大さから、膨大な作品を残したかのような印象があるが、現存する作品は『ル・コルビュジエ全作品ガイドブック』によれば、六十九作品に過ぎない。それくらいならば、なぜすべてを構成遺産としないのかがむしろ不思議である。これには、かつて、スペインの建築家アントニ・ガウディの作品をまとめて登録しようとしたところ、七作品に限定されたということが影響しているのかもしれない。だが、人間ル・コルビュジエの偉業を前面に出した登録を目指すのであれば、可能かどうかは別として、現存する作品すべてを構成遺産とする方が妥当なように思われる。

一方、構成資産に入っているものの中でも、ヴァイセンホフ・ジードルングの住宅群（ドイツ）は、十七人の建築家が設計に携わっており、「ル・コルビュジエの建築作品」として登録がなされた場合、他の建築家の立場どうなるのか疑問が残る。

世界遺産委員会は、こういった「シリアル・ノミネーション」という手法を取った場合の構成資産の選定方法、テーマ設定の仕方などについて、議論を深める必要があると考えた。その議論を継続するために、「ル・コルビュジエの建築作品」は、「記載延期」となったのである。

現在、アメリカ人建築家フランク・ロイド・ライトの十作品が世界遺産暫定リストに挙げられ、審議を待っている。こちらは、ライトの各年代の代表作という選定の規準を設けており、また、すべての作品がアメリカ国内にあるので、統一的な管理がしやすく、問題点は少ないかもしれない。

だが、選定基準が明快で管理体制が整っていれば良いというものでもない。ル・コルビュジエは近代建築の巨匠であり、都市計画家であり、画家、彫刻家、思想家でもあった。むしろ、今回の「記載延期」は、ル・コルビュジエが「世界遺産」という制度でくくりきれない偉大な人物であったことによるともいえる。

しかしながら、ル・コルビュジエの偉大さが認められたとしても、これまで、主にモノ（場所）を中心として、その周辺地域（バッファーゾーン＝緩衝地帯）の保全を重視してきた制度が、かなりの飛び地を含むことが予想される、建築家や芸術家などヒトの偉業を中心に据えた登録制度になりえるのか。その是非については、選ばれる側、選ぶ側双方を巻き込んだ、更なる協議を要するであろう。

近現代建築の生きる道

巨匠の個性が息づく町

村野藤吾

福岡県北九州市の八幡は建築家・村野藤吾と縁の深い町である。村野は一八九一年、佐賀の唐津に生まれ、小倉工業機械学科を卒業、八幡製鉄所に勤めたあと、早稲田大学電気工学部に入学した。のちに建築学科に転科し、卒業後は建築家・渡辺節の事務所に入って修行を続け、大阪で事務所を開いた。

師匠の渡辺節から建築活動における施主の重要性を教え込まれた村野は、それぞれの施主の意向に応じて、芸術的感性を遺憾なく発揮した作品をつくりだして行った。「建築とは九十九パーセントが施主の意向で決められ、残ったところに一パーセントの村野がある」との言葉が有名だ。しかし、第二次世界大戦が始まると、村野の芸術的な作品はかえって村野から仕事を奪うことになった。軍の関係に仕事を求めに行った村野は、「お前のように芸術的なヤツにはやる仕事はない」といわれ、五十代という建築家としてもっとも油ののった時期に、閑職に甘んじる生活を余儀なくされたという。そんな村野にとって、終戦はまさに第二の人生の幕開けと感じられたことであろう。

村野が八幡によばれたのは、一九四七年、戦後初の公選市長・守田道隆が就任し、戦災復興計画が着手された頃だった。守田は自分自身、京都帝大出身者で、東京市の土木局で関東大震災の復興に関わっており、都市計画や建築にも明るい人物であったことが窺える。そして、新たな八幡駅を開設し、駅前に幅員五十メートルの道路を配する堂々たる都市計画を打ち出した。村野は一九四八年八幡市公民館、一九五〇年八幡製鉄労働会館の計画案をつくったがともに実現せず、最初に竣工したのが、住宅協会平和ビル（一九五四年）であった。その後、一九五七年に八幡市立図書館（現・北九州市立八幡図書館）、翌一九五八年に八幡市中央公民館（現・八幡中央公民館）が竣工し、少し時期をあけた一九七一年に北九州八幡信用金庫本店（現・福岡ひびき信用金庫本店）ができた。

さて、これら四つの作品の中で、公民館と銀行の二つは、窓がない分、壁面が印象の多くを決める。両者とも使われているのは濃い茶色のタイルで、釉薬のかかり具合により、微妙な光彩を放つものである。村野は「色はくせもの」だと言い、色彩の選択には細心の注意を払っていたことが知られる。壁面が大きい村野作品といえば、宇部市にある渡辺翁記念館（一九三七年・重要文化財）が有名だが、これまた紫がかった渋い色合いのタイル

八幡市中央公民館（現・八幡中央公民館、上）と
八幡信用金庫本店（現・福岡ひびき信用金庫本店）

八幡市立図書館（現・北九州市立八幡図書館、上）、渡辺翁記念館〈右中〉、同外壁タイル〈右下〉、世界平和記念堂〈左〉

が使われている。八幡の公民館と銀行のタイルの色合いも同様に、よく見ると奥深い色をしている。ただし、あくまでも堅固なその壁面は、顧客の資産あるいは文化活動といったものを大切に外からまもるという姿勢をくずさない。

一方、今はすでになくなってしまったのだが、駅前にあった住宅協会平和ビル（店舗＋集合住宅）は、写真で見ると、開口部が壁面からやや飛び出しており、街路空間との対話を促すかのようであったことが分かる。また、現存する図書館は、窓こそ小さいものの、ところどころ、白くレンガが塗り分けられていて、全体として抽象画のような構成で、親しみやすい雰囲気となっている。村野は、この図書館に使われているような、柱梁を鉄筋コンクリートでつくり、間をレンガやタイルで埋めるという手法を世界平和記念堂（一九五四年・重要文化財）、早稲田大学文学部三十三号館（一九六二年・現存せず）、横浜市庁舎（一九五九年）などでも使っている。ただ、柱梁による建築というと、いかにもシステマティックな近代建築のイメージがあるが、村野の作品ではむしろ暖かみが感じられる。それは、柱梁に決して負けない表情豊かなレンガやタイルが間を埋めているからではないかと思う。この手法が使われているのは公共性の高い建物が多いが、硬さと柔らかさ、規律と個性といった、公共施設に求められる要素を体現しているようにも感じられる。

建築家の中には確たる自分のスタイルを持っており、そのスタイルをさまざまな建築に適用させて行く人もいる。自我の喪失にも繋がりかねないスタイルの変化は建築家にとってある意味で冒険である。しかしながら、村野は施主の要求に応じてさまざまなスタイルの建築をつくりながら、たった一パーセントの中にも強烈な個性を持ち続けることで、建築家として、そして芸術家としての生涯を貫いた人物なのであろう。村野の作品が八幡で末長く使いつづけられることを期待したい。

多様な日本のモダニズム

今井兼次

ドコモモ（DOCOMOMO）は、Documentation and Conservation of buildings, sites and neighborhoods of the Modern Movement の略である。だが、この中の「modern」がくせ者である。辞書をひくと、「modern」は「①近代の、現代の　②現代的な、最新の」となっている。しかし、「近代」と「現代」は別物ではないのか。

一般的に日本の歴史では幕末明治から第二次世界大戦終戦時までを近代とし、それ以降を現代と呼んでいる。「現代」にはふつう「contemporary」が充てられるのに、「modern」が「contemporary」をカバーしているとはややこしい。

おそらく、「modern」という単語のより本質的な意味は②に挙げられる「現代的な」あるいは、もっと幅ひろく、「最新の」という意味なのであろう。これを建築の世界で考えると、歴史区分で近代と言われる時代に「最新」と信じられていた建築、それが建築にと

日本二十六聖人記念館

っての、「モダン」ということになる。

この時、問題となるのは、建築分野では狭義の「モダニズム」があったことである。これは、端的にはル・コルビュジエの提唱した五原則（ピロティ、屋上庭園、自由な平面、水平連続窓、自由なファサード）に従ったようなもので、いわゆる「白い箱」の建築を指す。

しかし、このような「白い箱」は歴史でいうところの「近代」年間につくられた建築のごく一部にすぎない。実際には、この時代、「白い箱」とはまったく異なる様相の建築を時代の最先端と考えていた建築家も数多く存在した。

ここで一寸、奇妙なことがおこる。日本のドコモモ一五〇選には、日本二十六聖人記念館（一九六二年）が挙げられている。設計したのは長く早稲田大学の教授をつとめた今井兼次（一八九五―一九八七）である。この建築は、スペインの天才建築家アントニ・ガウディ（一八五二―一九二六）に影響を受けた作品といわれる。たしかに、草木の芽のような二本の尖塔がそびえる様子や壁面をおおう色彩ゆたかなモザイク装飾からは、ガウディからのつよい血脈が感じられる。

だが、ドコモモ・イベリアがまとめたスペイン版ドコモモ選の中には、ガウディ作品は一つも取り上げられていない。これは、そもそも選定の前提として年代を一九二五年から一九六五年としていることにも原因があるのだが、本国スペインでは基本的にガウディは、あえて分類するならば、狭義モダニズムの先駆けである「アール・ヌーヴォー」に属すると考えられているからである。モダニズムと目されていないガウディ建築から影響をうけた日本二十六聖人記念館が、ドコモモ・ジャパン一五〇選には含まれているのだ。

もっとも、設計者の今井兼次もみずからの作品が「モダン・ムーヴメント」の代表と目されることには違和感を感じているかもしれない。今井については、必ずといってよいほど、合理的・機能的なモダニズム建築からは距離をおいた建築家であったことが指摘されているから。

たしかに、今井の建築には「白い箱」の冷たさはみじんも感じられない。

機械を一つの理想とした狭義モダニストと異なり、手仕事を愛し、みずから職人にまじってタイルを張ったともいわれる今井。建物入口の取っ手は梅の形を模しているが、これは、二十六人の聖人が亡くなった二月五日、ちょうど梅の花がほころびかけていたことに想を得たものときく。今井の作品の造形原理は、経済性や効率といった合理の理論とはほぼ無縁で、きわめて個人的かつ人間的である。

だが、このような建築こそ、一九六〇年代の日本人にとって新鮮だった。事実、今井作品は「白い箱」のあとに来たのである。日本二十六聖人記念館は、モダニズムの先駆けではなく、モダニズムの展開形なのだ。だからこそ、ドコモモ・ジャパンは当時の日本にと

日本二十六聖人記念館入口、梅の形の取っ手

って最新の建築だったものとして、この作品を一五〇選に入れているのである。

このようなことは、ヨーロッパ各国のドコモモからは、本来の主旨と外れていると思われるかもしれない。だが、ドコモモ・ジャパンの姿勢は、韓国はじめアジア諸国のドコモモを勇気づけている。

建築家・槇文彦は、「千人のモダニストがいれば千のモダニズムがある」と述べた。たしかに、狭義のモダニズムは「白い箱」かもしれない。だが、世界の「モダン・ムーヴメント」はより幅広い。ドコモモ・ジャパンはいま、ヨーロッパ諸国に対して、モダニズムの多様性を示すという重要な役割を担っているのである。

闘将が残した「幸せな空間」

前川國男

学生時代、『建築MAP東京』と『建築20世紀』をガイドによく建築見学に出かけた。当時、建築構法の授業では毎週、階段や壁など建物の各パーツをテーマにしたレポートを提出することになっていた。「壁」についての授業で前川國男（一九〇五―八六）の「打込みタイル」のことを聞き、埼玉県立博物館を訪れることにした。

それは梅雨明けの大変蒸し暑い日だった。だが、大宮公園の一角に建つその建物は、強烈な日射しをしっかりと受け止めていた。しかも、私が驚いたのは、その建物は周囲の暑さを完全に呑み込んでいたことだった。博物館の建物のある辺りだけが、ひんやりとした空気に包まれていたのである。それは、凄みさえ感じさせる壁面だった。

普通、タイルは構造体にただ張り付けるだけのものである。だが、前川はお化粧のようにタイルを張ることには断固、反対だった。それは、余分な装飾を排し、構造そのものを建物の仕上げとすることが近代建築の一つの理想だったからだ。

けれども、打放しコンクリートは耐候性に劣り、雨風にさらされると汚れが目立つようになる。汚れだけではない。表面の汚れはやがて内部にも影響をおよぼし、いずれは構造を危うくする。

前川は考えたのであろう。ならば、タイルをコンクリートの躯体に埋め込み、タイルとコンクリートを一体化した構造体にすればよいのではないか、と。当初はタイルの打込み具合にむらがあり、タイルが落ちることもあったらしい。だが、技術改良を重ねた結果、前川の「打込みタイル」は完全に構造と一体化したものになった。

あの日以来、私は前川ファンである。打込みタイルもよかったが、埼玉県立博物館は、エントランスにいたるエスプラナード（散策路）と呼ばれる導入部分が秀逸である。古代遺跡の基壇のようなものがそここに配されており、その間をぬってゆっくりと建物の中にいざなわれるうちに、しぜんと鑑賞者の静かな気持ちにさせられる。そして、内部に入ると、今度は内部にいても外とのつながりが保たれていることに驚かされる。地階に降りる階段の大きな開口部から、外の青々とした竹藪をみたときの清々しさはなかった。

こんなにも幸せな空間をつくることのできる建築家はさぞかし育ちのよい人だろうと想像した。

実際、前川はエリートだった。大学を卒業したその日に、当時、国際連盟の日本事務局長を勤めていた母方の伯父・佐藤尚武をたよって、シベリア鉄道でパリに向かい、近代建築の大御所ル・コルビュジエのアトリエで二年間の修行をする。その滞在中、音楽好きであった前川は、忙しいなかにも足繁く伯父の住まいの近くにあったプレイエル音楽堂に通っていたそうだ。文化全体に大きな教養と愛情を持った人だったと、生前、前川と交流のあった槇文彦は語っている。思ったとおりの人物像である。

だが、一方で、前川は闘う建築家としての側面も持っていたことを、私は、追々、知ることになった。たとえば、東京帝室博物館の設計競技（一九三一年）で「日本趣味を基調とする東洋式とすること」という設計条件を完全に無視して直方体を組み合わせてピロティで持ち上げる案を提出し落選したこと。戦後、物資の不足する中、日本相互銀行本店（一九五二年）の設計では、極度の軽量化をはかったものの、外壁の防水に失敗して激しい雨漏りのする建築を作ってしまってしまい、その補修のため自腹でアメリカからコーキング材を取り寄せて修理を行ったこと。六〇年代、皇居のほとりに東京海上ビルを高層建築で建てようとして美観論争に巻き込まれたこと。一九六八年、日本建築学会大賞を受賞しながら、およそ受賞者のよろこびの言葉とはほど遠い、近代建築に対する不信感をあらわにした演説（タイトル「もうだまっていられない」）を行ったこと。

埼玉県立博物館〈右上〉
熊本県立美術館〈右下〉

埼玉県立博物館のエスプラナード

なぜ彼はこれほどまでに闘い続けねばならなかったのであろうか?
ひとつ考えられるのは、前川は、旧制一高時代の卒業論文を執筆した時に、J・ラスキンの『建築の七燈』と取り組み、その第二章「真実の燈」に大きな影響をうけたことである。ラスキンといえば、十九世紀イギリスで、進み行く産業社会の未来に危惧を抱き、美術、教育、そして経済論において、透徹した倫理観、正義観をもって社会と対峙しつづけた人物である。「真実」を妥協なく求め続ける姿が、若き前川に強固な使命感を植え付けたことは想像に難くない。

それと同時に前川は、師のル・コルビュジエが「住宅は住むための機械である」と言い、近代建築の五原則を体現する作品を造りながら、最終的には彫刻的なロンシャンの教会へ行き着いたように、あくまで建築家として、人々に喜びを与える心地よい空間の探究をやめなかった。私は、前川作品にはいつも健全な造形意欲を感じる。おそらく彼は、ラスキンの「生なくしては富は存在しない。生というのは、そのなかに愛の力、歓喜の力、賛美の力すべてを包含するものである」という言葉もよくよく胸に刻みつつ、幾多の闘いを越えてきた。だからこそ、前川建築は真実性を備えた幸せな建築なのではないかと思う。

塔のある風景

佐藤武夫

数年前、福岡でまず訪れた建物の一つに福岡県立美術館がある。この作品は、私が学部卒業後お世話になった建築家・宮本忠長氏の師である佐藤武夫（一八九九―一九七二）の作品である。

佐藤は早稲田大学卒業後すぐに助教授となり、同じ早稲田大学の教授であった佐藤功一（一八七八―一九四一）とともに大隈講堂（一九二七年・重要文化財）の設計に携わりながら、音響設計の第一人者となった人物である。第二次世界大戦中は資材が不足するなか、鉄筋のかわりに竹を用いる「竹筋コンクリート」といわれる手法で岩国徴古館（一九四五年・登録文化財）を竣工させた。そして、戦後の一九五一年、佐藤は大学の職を辞し、設計事務所を開設した。

佐藤はとくに庁舎や文化会館等の公共建築を多く手がけた。そして、佐藤の作品の多く

福岡県立美術館

ロンドンのシティの教会。
上段、左からセント・メアリー・ル・ボウ教会、セント・メアリー・オルダマリー教会
下段、左からセント・ブライド教会、セント・ジャイルズ・クリップルゲイト教会

に見られるのが塔である。佐藤は塔は「道しるべ」であると述べた。これは、佐藤自身が中国の大平原を旅した際、こつ然として山の上に塔を見つけたときの安堵感、ヨーロッパ諸国でキリスト教の教会堂の塔が町の突き当たりに見えたときに覚えた嬉しさが発想のもとになっているという。佐藤は戦後の復興がすすむなかで、民衆の心の拠り所となるような塔を建てたいと願ったのである。

福岡県立美術館の場合、塔はもとは図書館の書庫を立体化したものであり、一九八五年、全面改装を経て美術館へと再生された後は、作品収蔵庫として使われている。その姿は落ち着いた佇まいながら、上に行くにつれてややすぼまり、伸びやかだ。佐藤は塔を作るとき、先端部分の節を少し長めにした。こうすることで、塔は竹のような伸びやかさを持つことができるのだそうだ。さすがに「塔の建築家」の作る塔はよく考えられている。

私は建築保存を研究する者として、福岡で、自分の師匠の師匠の作品が改装を経て現在も使われ続けていることを大変に嬉しく思った。

だが、喜びもつかの間、福岡県立美術館については、将来構想検討委員会から、新・福岡県立美術館を建設する必要性があるとの見解を示す報告書が提出されていることを知った。確かにこれからの美術館のあり方を考えた場合、現在の建物は手狭であるかもしれないし、設備も十分ではないかもしれない。美術館の拡充は必要だとは分かるが、現在の福岡県立美術館の建物を愛する者としては複雑な心境である。

ここでやや唐突であるが、ロンドンのシティの教会について言及したい。「シティ」とはロンドンの一角で、およそ一・五キロ四方の小さな地域である。この地域には一六六六年のロンドン大火の後、クリストファー・レン（一六三二―一七二三）らによって、多くの教会堂が建てられた。その数は一時、この小さな地域に七十余にもおよんだ。これらの教会堂の多くは個性的な塔をそなえており、それぞれに街角の目印となるとともに、教区民にとって誇りとなっていた。

けれども、建設からわずか一世紀後にはこの地域は急速に金融街へと変貌を遂げた。すると、十九世紀初頭には約十三万人であった定住人口は二十世紀初頭にはわずか一万人にまで激減してしまった。こうなると、教区教会は余り気味となる。そこで、十九もの教会の閉鎖と取壊しが検討されることとなった。

皮肉にもこの事態を変えたのは、第二次世界大戦による戦災だった。多くの教会堂が被害を受けるのを目の当たりにして、人々はようやくそれらの教会堂がシティの景観の重要な一部分を形づくっていたことを認識したのである。戦後、被災した教会堂の多くは戦災前の形に復原され、教区教会としての機能を必要としなくなったものは学校等に転用されている。

ひるがえって、日本においては、第二次世界大戦という未曾有の大災害を経て、各地に陸続と建てられたのが庁舎や美術館、博物館といった公共建築であった。だが、築後約五、六十年を迎え、耐震強度や設備の面から建替えが検討されるものも多く見られる。この状況は、二十世紀初頭、シティの教会が置かれた状況に似ている。

福岡県立美術館はすでに一度生まれ変わっており、大事に使われ続けている例であるが、今一度、生き延びる道を与えられないだろうか。福岡県立美術館は隣接する福岡市民会館や須崎公園とともに戦後のさまざまな文化活動の中心地であったと聞く。その年代の人々には、あの塔は記憶の原風景の一部になっていないだろうか。

建物は、建物を利用する人、愛着を持つ人、そして、私のように何らかのゆかりを感じる人など、さまざまな人々の記憶に関わっている。風景の一部となっている建築はある日失われて初めてその価値に気づく。だがそれでは遅いのだ。私たちは、もっと、「自分にとって」大切な建築を日々の暮らしの中で自覚しても良いのではないだろうか。

「万能素材」としてのコンクリートの可能性

菊竹清訓

二十世紀は鉄とガラスとコンクリートの世紀と言われる。中でもコンクリートは、それ自体はローマ時代から使用されていた材料であるが、十九世紀に鉄筋を併用した鉄筋コンクリート造が発案されてからは、圧縮力と引張力の双方に優れた構造として、大々的に使われるようになった。

日本では、明治末期から鉄筋コンクリートが使用されるようになり、一九二三年の関東大震災以後、普及する。だが、当初、鉄筋コンクリートはあくまで建物の構造であり、表面は石や化粧レンガ、タイルを張るか、塗装をほどこすのが一般的であった。

けれども、フランスにおいてはすでにオーギュスト・ペレ（一八七四―一九五四）が一九二三年にコンクリート打放しでル・ランシーの教会を完成させていた。この教会は、壁や天井だけでなく祭壇や祭壇へ上がる階段、聖水台、二階へ登る螺旋階段、二階ギャラリーの手摺もすべてコンクリート打放しである。

また一方で、コンクリートは構造家たちをも魅了した。コンクリートは液状のセメント混合物が化学反応することによって硬化する。よって、型枠の作り方によっては、彫刻的な造形も可能で、大空間を実現することもできる。P・L・ネルヴィ（一八九一―一九七九）は五七年、ローマのスポーツ・パレスで直径約一〇〇メートルの無柱空間を実現した。

さらに重要なことは、コンクリートの材料であるセメントは、工場生産ができることである。石や木といった自然材料と違い、人工材料であるセメントはどこでも生産することができた。これにより、コンクリート構造はまさに世界中を席巻したのだった。

久留米出身の建築家・菊竹清訓（一九二八―二〇一一）もコンクリートの可能性を信じた建築家であった。菊竹はかつて日本において木材が構造体から仕上げに至るまで、建物のあらゆる部分に使われていたように、コンクリートも「万能素材」になるのではないかと考えた。

だが、菊竹は、単純にコンクリートが「万能素材」になると考えたのではなかった。「万能素材」とは、人間が試行錯誤を繰り返し、あらゆる場所に使える材料として積極的に「発見」することによって生み出されるものだと考えた。言い換えれば、どんな可能性を持った素材も、人間がその利用法を発見していかねば「万能素材」にはならないという

スポーツ・パレス（ローマ）

ことだ。デカルトの「我思うゆえに我あり」に似て、人が思考することによって、はじめて素材は生かされるというのである。

だから、菊竹作品におけるコンクリートの使い方はきわめて主体的である。彼の六十年代の作品を見ると、作品を追うごとにコンクリートの重みが増しているのが分かる。

まず、菊竹の初期代表作、出雲大社庁の舎（一九六三年）では、彼のもう一つの主要な思想である「メタボリズム」という新陳代謝の考えと、工業生産の可能性を模索する意味から、部材を工場で生産するプレキャスト・コンクリートが主要構造部分と外装部分に使われ、内部の室は木造で作るという方法が取られていた。次に、都城市民会館（一九六六年）では、土地との結びつきをより重視し、現場打ちコンクリートによって基壇部分が作られた。だが、ホールを覆っているのは鉄板と鉄骨だっ

ル・ランシーの教会。細身の柱、ステンドグラスの枠、すべてコンクリート製〈上〉。
下段、左から聖水盤と二階への螺旋階段

久留米市民会館〈上〉とその
内部にある六角形の柱

た。

そして、久留米市民会館（一九六九年）では、床や壁といった目に見えて手で触れられる部分はコンクリートで作られた。そのコンクリートは密実で硬質であり、石のような質感を帯びている。コンクリート黄金期の職人技が感じられる。

今、久留米市民会館を訪れてやや残念なのは、ある時期の工事で表面が塗装されていることである。コンクリートの修理は難しい。コンクリートが劣化すれば中の鉄筋を弱らせ構造を危うくする。浸透性の塗布材も開発されているが、均一な塗布は困難であり、また、いずれにしても効果は永続的なものではない。フランスでは中性化した部分のコンクリートを削り取り、コンクリートを吹き付け直すという修理方法も実践されている。だがこれも、構造体に十分な厚みがある場合でなければ適用できない。

正直なところ、コンクリートの修理方法は現在まだ開発中なのである。けれども、近い将来、打放しコンクリートの質感を損なわず、構造体の健全度も確保する方法は開発されるだろう。歴史的建造物の保存修復で一つ重要なことは、即断をせず、待つということだ。

日本では、木造については、法隆寺を守ってきたような高度な保存維持修理方法が確立されている。同様にコンクリートについても保存の手法を主体的に「発見」することで、コンクリートを菊竹の言うところの「万能素材」にしていくのが二十一世紀に生きる私たちの使命であろう。

黒川紀章

「思想」が凝縮された建築

黒川紀章（一九三四―二〇〇七）は建築家の中でも建築思想家といってよい人物であった。建築家の著作数を調べたところ、一位・磯崎新（九十二冊）、二位・黒川紀章（六十冊）、三位・宮脇檀（三十八冊）という結果であったそうだが（日経ＢＰ）、磯崎は古今東西の建築や建築家論も数多く書いており、著作の内容は建築思想にとどまらない。また、宮脇の家づくりの思想は、住宅設計のディテールに絡めたものであり、声高なものではない。

それに対して黒川の著作は彼自身の建築思想を語るものが相当数におよぶ。自らの設計思想を滔々と語る。鼻持ちならないと感じる人もいただろう。だが、施主の意向に諾々と従い、機能と用途を満たして法規を守っただけの建築が溢れる中で、確たる思想をもち、その具現化に尽くした建築家の生き方には、何かしら心を打つものがあるように思われる。

黒川は二十代からすでに才覚をあらわした思想家であり、さまざまな立場・分野の人々をとりまとめる類まれなるコーディネーターであった。そして、西欧文化に対する懐疑をいち早く呈示し、西洋の「広場の文化」に対して日本には「道の文化」があることを主張し、一九六二年、西陣労働センターを完成させた。また、六十年代に入ると「メタボリズム：新陳代謝」の思想を掲げ、実作として中銀カプセルタワー（一九七二年）やソニータワー大阪（一九七六年・現存せず）を実現させた。

さらに建築には見る人、訪れる人を非日常の高みへと上昇させるようなダイナミックな空間が必要であることを「メタモルフォーシス：変身」の思想として打ち出した。

一方、色彩に関しては、赤・緑・青・黄・白を混ぜる「利休ねずみ」色に関する考察をすすめるとともに、利休の「わび数寄」に対して、華やかさをあわせ持つ「花数寄」思想の再発見を促した。

そうして最終的には「共生の思想」へと辿り着く。これは、二十世紀は機械の時代であったのに対し、建築の理想も、機械のような建築から生命体のような建築へと転換することを説くものであった。メタボリズムは生物が新陳代謝すること、メタモルフォーシスはオタマジャクシがカエルになるような変身のことをいうので、ともに生物に関わっている。また、色彩についても「利休ねずみ」色は原色とは正反対の混合色である。「共生の思想」

福岡銀行本店

宇宙の隠喩としての月〈下左、中〉とおしり型のあるベンチ

はまさに、黒川のさまざまな思想を統合したものといえる。

中でも、福岡の天神地区にある福岡銀行本店（一九七五年）は、黒川の思想が多方面にわたって実現された作品である。

まず、通り抜けができて、さまざまな市民活動と憩いの場となっている広場は「道」の思想をストレートに体現したものである。ここは、日常のスケールをはなれ、ダイナミックな変身「メタモルフォーシス」を誘発する空間でもある。また、アンゴラ産の御影石は「利休ねずみ」色である。そして、建築法規の建物高さに関する規制である斜線制限からできた庇部分の半円形の空隙は、宇宙の暗喩としての月を浮かび出させたものだと黒川は説明しており、建物に「花数寄」に繋がる粋の精神を組み込んだものといえよう。さらに、全体構成としては、門型は左右対称ではなく、執務空間を含む部分が必然的に太くなっている。このように中心をずらすことを黒川は東洋や日本の美意識の一つと解釈している。この建物はフランス・パリの新凱旋門（一九九〇年・デンマーク人フォン・スプレッケルセンら設計）にも影響を与えたといわれるが、なるほど、こちらは中心軸を尊ぶ西欧らしく左右対称である。そして、このようにさまざまな思想が一つの建物の中にあることにこそ、黒川の最終的な「共生の思想」が体現されているといえる。

建築家にとって、思想はなくてはならないものではあるが、思想を構築すること自体が高度な思考を要することであり、また、たとえ思想を持ったとしても、諸々の事情で、作品と思想を一致させることは困難なことが多い。だが、福岡銀行本店は彼の著作の中でも、繰り返し言及される。彼にとって、さまざまな思想を実現できた満足度の高い作品であったのであろう。

黒川の作品には、ともすると「メタモルフォーシス」的変身空間が前面に出過ぎだと感じられるものもある。だが、福岡銀行本店は空間の巨大さを過剰に感じさせない落ち着きがある。それは形態や色彩もさることながら、広場に池や植栽が配され、なめらかな曲線で造形されたベンチによって空間が適度なスケールに落とし込まれているからであろう。黒川作品の中でも特筆に値する佳作である。

混沌とたたかう幾何学の力

磯崎新

磯崎新は一九三一年生まれ、第二次世界大戦の敗戦を迎えたときは十四歳だった。彼は先達たちが創りだした建築が一瞬のうちに廃墟と化してしまうことを知っていた。信じた国家が崩壊したことで、絶対的／永続的な権威は存在しないことを痛感した。そしておそらく、建築とは、国家を体現することを目的としないのはもちろんのこと、特定不変の何かのために行うのではないことを認識したのではなかろうか。

磯崎の初期代表作はプロセス・プランニングという手法のもとに造られ、建物は完成形ではなく、ある一時を切り取ったかのような形で示された。大分県立図書館（一九六六年・現アートプラザ）の場合、四角い断面の空洞の梁が、もう一方の継手を求めるかのように宙に突き出されている。だが、それは、成長を待ち望む建物の姿、というより、何かあるべきものを切断されてしまったかのような痛々しさが感じられる。

大分県立図書館（現・アートプラザ）

幸いというべきか、この種の磯崎作品はその後それほど多くはつくられなかった。

それに対して、初期の磯崎作品から現在に至るまで一貫して見られるのは、幾何学的造形である。円形や正方形、三角形、そして立方体や円柱、三角錐といった幾何学の基本形を設計の道具として使うのである。

建築の歴史をひもといてみると、これまでにも幾何学を拠り所に設計活動を行った建築家が存在したことが分かる。その代表格は、イタリアのフィレンツェ大聖堂のドームを設計したことで知られるフィリッポ・ブルネレスキ（一三七七―一四四六）

捨子養育院（フィレンツェ）。２本の柱の間の距離と、柱の長さが同じ。柱間を半円アーチが繋ぐ

である。彼が建築をはじめたのは、十五世紀の初頭であった。

その頃、建築界では、中世をとおして発達して来たゴシック建築が末期症状に陥り、当初、追求していた構造合理からも、建築原理を吟味し整理する精神からも横道にはずれてしまっていた。何か、ゴシックとは異なる建築原理が必要とされていた。そこでブルネレスキが用いたのが幾何学だった。彼の設計した捨子養育院では、広場に面したアーケードのアーチと柱のプロポーションは、完全に半円と正方形によって決められている。

戦後の日本はある意味でゴシックの爛熟期に似て、モダニズムを消化しきった上で、新たな造形原理を求め、さまざまな試みが行われた時代だった。そのような、何でもできそうな時代に、敢えて幾何学形という所与の「型」を用いて設計活動を行うことは、却って勇気の要ることではなかったか。だが、幾何学の力を信じることができたことこそが、磯崎の強さなのかもしれない。それは、古今東西の歴史を知り尽くした人物の悟性のなせる業でもあったろう。

磯崎はこの世がそれほど秩序立っていないし、むしろ都市には構築する力とともに巨大な破壊する力が働いているという事実から目を背けなかった。それでいて、彼の造る建築は決して混沌としたものではなかった。とくに、磯崎の造る立方体や半円を基本としたヴォールトの空間は、中に入ると室内でありながら空があるかのような開放感があり秀逸である。

彼はまた、増築の巧い建築家でもある。渡辺仁設計の原美術館（東京都品川区）のカフェ増築のほか、自作でも北九州市立美術館にアネックス、ハラ・ミュージアム・アーク（群馬県渋川市）に觀海庵《かんかいあん》を増築している。

博多駅前の西日本シティ銀行本店（元・福岡相互銀行本店）も一九七一年に竣工し、その後一九八三年に増築されている。この建物はもともとある程度の増築を見込んではいたらしいが、実際に増築設計をするにあたり、磯崎は「現実は常に理論を越える」と述べた。そう述べつつ、創建時と増築時のバランスの取れた増築をやってのけた。こうした作品をみると、やはり磯崎という建築家は、既存の建物の性質や周辺環境の歴史的文脈をふまえながら、独自のアート空間をプロデュースすることのできる、希有な建築家であることが得心される。

西日本シティ銀行本店〈上〉と北九州市立美術館アネックス

現在、西日本シティ銀行本店の建つ博多駅周辺は、福岡空港から二・七キロメートルにあるため、建物高さを五十メートルとする高さ制限のもとにある。私は、このようなスカイラインの整った景観は、まれにみる成熟した都市景観であると思っているが、将来、空港移転ともなれば、状況はどう変わるか分からない。

だが、混沌の中から幾何学の力を借りて建ち現れた磯崎の作品は、どんな都市空間の中でも力強く生長を続けるのではないかと感じさせる。

また一方で、西日本シティ銀行本店は、周囲の建物に比べるとずっと重厚感のあるインド砂岩による彫塑性の高い形をしており、高さ規制のある中でも強烈な個性を放つことが可能だということを、身を以て示している。

磯崎の作品は、国家を体現することでなく、都市とともに歩みつづけることを選んできた。西日本シティ銀行本店には、今後は、この成熟した福岡の都市景観をまもり、かつ勇気づける存在となってほしい。そうして、近現代建築の生きる道を伐り拓くという「前衛」に立ち続けてくれることを期待したい。

建築保存とその周縁

新旧の丸ビル

何を失い、何を得たのか

「相撲を取るように見る」――建築史家・藤森照信氏の建築の見かたである。建築探偵として日本・世界をまたにかけて飛び回り、建築家として実作の設計にもたずさわる氏の魅力は、分かりやすい文章で、ユニークな建築分析を、膨大な知識の裏付けをもとにしているところにある。かねがね私は、カタカナと独白が多い独特の文体ながら圧倒的な説得力のある氏の文章に敬服していたが、それは、建物とまさに「相撲を取るように」格闘したすえに生み出されていたと知り、得心した。

建築史家とは、建築の歴史を研究する者であるが、研究の資料とするものは建築だけではなく、その建築を紹介した雑誌記事やその建築が建てられた当時の社会状況をしるす行政資料や新聞記事、写真、関係者の書簡など多岐にわたる。気がつくと、文字ばかりを追っていることもある。だが、建築史家は現地の建物や写真・図面・スケッチと相撲を取る

旧丸ビル（『建築20世紀』より）

現丸ビル

ようにがっぷり四つに組み、なかなか語ろうとしない非文字資料に語らせなくてはならない。

藤森氏の言にしたがい、意識して建築や図面、写真をじっくり見るようになって、ある時、私は自分の専門である歴史的建造物保存修復の分野では、建築の過去と現在の姿を比較すると、人々がどのように建築と向き合い、それをまもって来たかがよく分かることに気づいた。そして、中には保存をしたようなつもりになってはいるけれど、実のところほとんど何も残せていなかった事例もあったことが分かってきた。

例えば、東京駅の丸ノ内口の丸ビルがそれである。丸ビルは一九二六年、アメリカのフラー社の施工により完成し、近代的オフィスビルの嚆矢といわれた。明治期以降、それまでの民間企業社屋は英国人御雇外国人のJ・コンドルや辰野金吾らの作品に見られるような華やかな造形がなされ、大抵の場合、角にはランドマーク的な塔が据えられていた(例：福岡天神の赤煉瓦文学館／旧日本生命株式會社九州支店・一〇八頁参照)。だが、丸ビルは各階を均質に積み上げ、若干、角を丸めるだけにとどめた。それは、皇居へと続く御幸通りを指し示す丸みであり、「地と図」の関係でいえば、図として建物の存在を示すことではなく、地として都市の骨格を示すことへと移行した奥ゆかしくも成熟した建築の造形であった。「丸ビル」という名称は丸ノ内の丸とともに、その角の丸みにちなんだものでもあったのだ。

だが、丸ビルは「丸」さえあれば丸ビルなのか。「相撲をとる」ようにじっくりと現旧丸ビルを見比べてほしい。現丸ビルは確かに角は丸い。しかし、旧丸ビルの角にあった窓は三枚であったのに対して現丸ビルは一枚だ。階数も旧丸ビルの八層に対し、現丸ビルは五層である。さらに、立面としてみると、旧丸ビルは三つのアーチを持つ入口を中心として、左右対称の構成であるのに対し、現丸ビルはメインの吹抜けとなる入口が左側にずれて配置されている。また、外装材は、旧丸ビルは何度か外装を変えたらしいが直近は白タイルであったのに対し、現丸ビルはオークル色のタイルである。

こうしてみると、現旧丸ビルの違いに愕然とさせられる。現丸ビルは旧丸ビルの「イメージを踏襲」したもので、もとより正確な復元は意図されていないのだが、同じ名称で呼ぶことで私たちは旧建物との連続性を想起しがちである。けれども、それによって、丸ビルがきちんと残されたように錯覚をするようになってしまったら、旧丸ビルはうかばれない。

私たちの記憶というものは案外と不確かなものである。忘れるべきではないことを、言葉や少しの造形に安心して失念してしまうこともある。だが、建物の過去と現在をじっくりと相撲を取るように比較観察することを通して、何を失い、何を得たのかを認識しておくことは建築史を学ぶ者の使命である。

軍艦島(前頁含む３点とも)

軍艦島

廃墟をどう整備するか

二〇〇九年四月、軍艦島（長崎県長崎市）への上陸が解禁となり、多くの観光客をひきつけている。軍艦島は、正式名称は端島という。かつては文字通り、それほど目立たぬ端っこの島であったのだろう。だが、炭坑資源の開発が始まってから島は大きな発展を遂げる。一九一六年、つまり関東大震災より早く、まだ鉄筋コンクリートがそれほど普及していなかった時期に、この島には鉄筋コンクリートの集合住宅が建てられた。小さな島の高密度化への意思が感じられる。事実、いっとき島では一キロ四方内に八万七〇〇〇人以上もの人々が生活していたという。「軍艦島」の呼称は鉄筋コンクリートの建物が建て増されて行った結果、島全体が巨大な人工物――まるで海中にうかぶ巨大な軍艦――のような威容を形成したことによる。

けれども、端島炭坑は主要エネルギー源が他燃料に移行するのに伴い、一九七四年、閉山に至る。その後、無人島と化していたが、数年前から廃墟ブームの中で聖地となり、さらに九州・山口の近代化産業遺産群の一つとして世界遺産暫定一覧表へ記載され、現在は世界遺産登録に向けて各関係団体が活動を行っている。

ここで気になるのが、来訪者は島のどこまで見学ができるのかということである。島内の建物はみな三十年あまり放置されたもので著しく破損劣化が進んでいる。安全を確保した上で来訪者を満足させる見学ルートはどのように整備したらよいのだろう？

ここで、少々英国に事例を紹介したい。なぜなら、英国には多くの廃墟が残り、その呈示方法では、様々な試みが行われているからだ。

そもそも、英国に多くの廃墟があるのは、十六世紀、ヘンリー八世の治世時に英国国教会を創始した際、それまで存在していたキリスト教勢力の元にある修道院を閉鎖し、その建物を破壊したからである。また、十七世紀には革命に伴う戦争が各地で繰り広げられ、多くの城砦も破壊された。だが、十八世紀になるとこうした廃墟が画趣をかきたてるものとして人々の崇拝の対象となった。現在、世界遺産にもなっているファウンテンズ修道院は、隣接するスタッドリー・ロイヤル庭園の散策路の視覚上の焦点に据えられたものである。これらの庭園は十九世紀までは私有の財産であったが、二十世紀に入ると次第にナショナル・トラストやイングリッシュ・ヘリテージが管理するところとなり、構造的安全性

ファウンテンズ修道院

リヴォー修道院。かつての床レベルに芝を張っている〈上〉。一部復元されたクロイスターの柱〈下右〉。奇蹟的に残っているフライング・バットレス〈下左〉。最近、一度解体し、石の間に金属の合釘を入れる工事が行われた

を確保しつつ不特定多数の来訪者を迎えるための整備が行われた。例えばティンタン修道院では傾いた壁を建て起こし、強度が十分でないと思われる石の柱は、いったん解体して内部に鉄骨を挿入するという大工事が行われた。リヴォー修道院では、屋根がなくなったかつての聖堂内に堆積した土砂を運び出し、昔の柱の位置が分かるようにした上で、昔、石が敷かれていた床面には芝生を張って、来訪者が入りやすくしている。また、リヴォー修道院ではクロイスターとよばれる四角形の中庭の整備をする際、今はなくなってしまった回廊の柱の一部を復元して見せた。この手法がなかなか優れていると思わされるのは、復元した柱は来訪者に昔の中庭の姿を分かりやすく伝えながら、かつ、すべてを語らず、想像の余地も残しているところだ。さらに、英国の廃墟の整備では、生い茂ったツタや植栽が廃墟にとっては欠くことのできない要素と認識され、構造体に損傷を与えない根の浅い植物を植えることまで行っている。

明治期以前までほとんどの建物が木造でつくられていた日本では「廃墟」に遭遇することなど滅多になかった。だが、構造がより恒久的なものに変わるにつれて、日本でもうち捨てられつつ存在しつづける廃墟を目にする機会が出て来た。今後はその整備の仕方（あるいはもっと積極に、その愛で方と言ってもよいかもしれない）について、日本の事情に即したものを模索する必要が出て来るだろう。軍艦島の公開にあたっては、各国の事例を参照しつつ、すべてを元どおりに直してしまうのではなく、かつて近代化に貢献した島の繁栄ぶりを伝えるとともに、近年の廃墟ブームの歴史をも包含した整備を期待したい。

姫路城

工事の様子を見る楽しみ

ある年の夏休み、学生の姿もまばらになった勤務先の大学キャンパスの一角で、中央会館と呼ばれる建物の改修工事が始まった。周囲に足場が組み上げられ、白いメッシュのシートで覆われると、見慣れた建物がまったく別ものの姿になった。入り口や窓といった建物の要素がなくなり、白一色で抽象化されると、建物ではなく、巨大な現代アートのオブジェのように見えたのだ。

これは恐らくは、私の記憶の中で、一つの現代アートが想起されたからである。それは一九九五年、クリストとジャンヌ＝クロードという二人のアーティストによって行われたドイツの旧帝国議会議事堂を銀色の布ですっぽりと覆うというものだった。現在、ドイツの連邦議会議事堂となっている建物は、もとは十九世紀末、帝政ドイツの議事堂として建てられた堂々たる建築だった。しかしナチス・ドイツ政権が誕生した直後の一九三三年二

現在修理工事中の姫路城（写真は 2009 年２月撮影）

月に不審火に遭い、その後はきちんとした修復がなされることもなく、第二次世界大戦後も小規模な展示スペースが設置される程度であった。この建物の再利用が決まったのは、一九九〇年の東西ドイツ統合の後のことである。ドイツ連邦の議事堂としての再利用計画案は一九九二年、国際的な設計競技でイギリス人のノーマン・フォスター卿のものが採用されることになった。一国の議事堂の設計を外国人に任せ、さらに、その国家の中枢となる建物を外国人アーティストのアートの素材として提供してしまうとは、ただならぬことである。ドイツ人の精神力の強さを感じずにはいられなかった。だが、クリストとジャンヌ＝クロードによる議事堂の「梱包」は、普段見慣れた建物を銀色の布で覆うことにより、まったく異なる姿の巨大なオブジェとして立ち現れさせるとともに、長年、この建物が包み隠してきた、ドイツの複雑な歴史を人々に改めて認識させるイベントとなり、彼らの数ある「梱包」アートの中でも、大きな注目を集めることとなった。

このような世紀の芸術作品と大学の一建物の改修工事とではいささか次元がことなる。だが、私は目当ての建築が修理工事中で、何度か残念な思いをしている。比較的行きやすいところならば「また来ればよい」と考えることもできるが、そう安易に行かない場合もある。仮設を生かしたアートか、あるいは何か普段は見られないものを見ることができれば、悔しい気持ちも薄れ、むしろ得がたい経験をしたと感じることができたのではないかと思うのだ。

その意味で、今、注目すべきは、日本の国宝であり、世界遺産にも登録されている、姫路城の保存修理工事である。姫路城は、二〇〇九年に「平成の大修理」の起工式が行われ、二〇一四年まで工事が続くことになっている。天守閣は、雨風から建物をまもるとともに、天候に左右されることなく工事を進めるために、素屋根と呼ばれる仮設の小屋組ですっぽりと覆われた。だが、工事中、天守閣の威容は素屋根の下に隠されるものの、この仮設小屋組自体の中に見学通路が設けられ、見学者は城の千鳥破風や唐破風、あるいは、防火のためにすべて漆喰で塗り籠められている垂木の様子などを間近に見ることができるようになっている。これは、城郭建築ファンには願ってもない体験である。また、歴史的建造物の保存を専門とする立場からは、工事の様子をつぶさに見せること通して、建物の保存修理には、多大な手間と時間、そして職人の技術が必要なことを多くの方々に知ってもらう貴重な機会となることが期待される。

今はこの修理期間にしか見られないものを存分に間近に見て楽しみながら、数年後、その「梱包」が再び解かれる日を心待ちにしたい。

シビックプライド

愛着はぐくむソフト戦略

まちを散策し、まちに何があるかを知ることは、まちの誇り――「シビックプライド(市民が都市に対してもつ自負と愛着)」に繋がる。

私はこの言葉を『シビックプライド』という同名書から知った。この本は、「宣伝会議」という出版社から発行されていることからも分かるように、建築ではなく、宣伝広告業界から発信されたものである。よって、本の内容も、ハードというよりソフトに関するものが多い。ハードをつくった事例も紹介されるが、その場合でも、いかにしてその事業に市民が参加したか、そして、その情報が発信されたかという広報戦略に分析の主眼がおかれている。この本の副題が「都市のコミュニケーションをデザインする」となっていることからも推察されるように、「シビックプライド」とは、「モノ」ではなく、「コト」を通して、「ヒト」の中に醸成されるものだということが主張されていたように感じた。

〈次頁〉パリのアパルトマンの壁に見られる設計者名や竣工年〈上6点〉。ロンドンのブルー・プラーク〈下2点〉

JEAN GINSBERG
FRANÇOIS HEEP
ARCHITECTES
1935

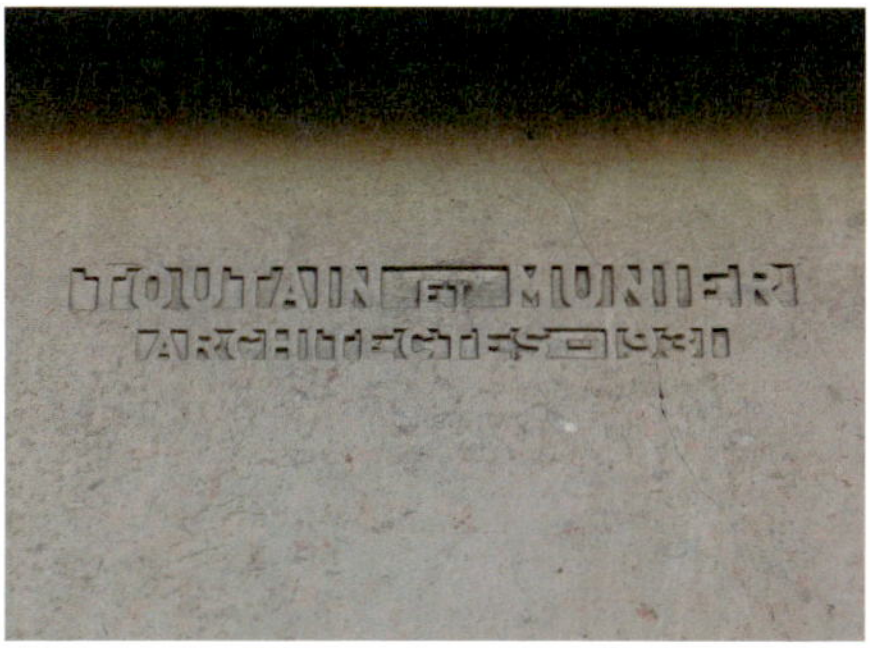
TOUTAIN ET MONIER
ARCHITECTES

CH. PLUMET
ARCH. 1929

IMMEUBLE PRIMÉ
AU 1ER CONCOURS DE FAÇADES
DE LA VILLE DE PARIS
Hector Guimard Architecte 1897–98
14

ROB MALLET-STEVENS
ARCHITECTE 192
A·LAFOND·ENTREPREN

RUE
MALLET-STEVENS
VOIE PRIVÉE
16e Arr.t
RUE
MALLET-STEVENS
1886 – 1945
ARCHITECTE

CONDUCTOR
LAUREATE
Hallé Orchestra
SIR JOHN
BARBIROLLI
C.H.
1899-1970
was born here

221b
SHERLOCK
HOLMES
CONSULTING DETECTIVE
1881-1904

例えば、オランダのアムステルダム市の事例は、「I Amsterdam（アムステルダムのAmと英語の一人称be動詞のamをかけたもの）」という標語を核とした市民意識の形成プロジェクトであり、これなどは、完全にソフト面での戦略である。これに対して、イギリスのマンチェスター市のURBISという都市生活ミュージアムの建設や、フランスのボルドー市の二つの公共公園の整備計画などは、一応ハードの事業の部類に入るが、その高い情報発信性と、市民参加を重視したことにより、単なる箱モノ事業でなく、市民にまちの価値を再認識させ再評価させるきっかけを与えることになったことが注目されている。

そして、まちのすでにある建築を利用して市民意識を醸成している例としてロンドンの「オープンハウス」が取り上げられている。このイベントは毎年九月中旬の土日二日間に行われるもので、六〇〇以上の建築が無料で公開され、参加者は延べ二十七万五〇〇〇人にものぼる。このイベントの良いところは、普段は日常生活や業務があって公開しにくい住宅やオフィスといった建築が入っているところである。

建物公開には、さまざまな配慮が必要である。持ち主と見学者双方の安全性を確保し、プライバシーやセキュリティにも目を配らねばならない。だが、期間を限った上で、ボランティアを投入するなどすれば、持ち主の理解も得やすくなる。ロンドンのオープンハウスも当初は三十件ほどの建物が公開されていただけだったが、今では、むしろオープンハウスで建物を公開することを、持ち主が誇らしく感じるようになって来ているそうだ。イベントをきっかけとして、公益が供されるとともに、持ち主の自負が育てられた好例といえる。

福岡では、二〇〇九年から三年にわたってMAT fukuoka（Modern Architecture Tour fukuoka）という企画があった。このイベントでは、西日本シティ銀行本店（一九七一年・磯崎新）、福岡銀行本店（一九七五年・黒川紀章）、福岡市美術館（一九七九年・前川國男）、アクロス福岡（一九九五年・エミリオ・アンバース）、博多小学校（二〇〇一年・シーラカンス）、福岡市営地下鉄天神南駅（二〇〇五年・葉祥栄）、福岡市文学館（一九〇九年・辰野金吾）、大濠公園能楽堂（一九八六年・大江宏）などの建築が公開され、各年の延べ参加者は一〇〇〇人近くにおよんだ。老若男女を問わず多くの参加者が、学生が作成したガイドブックを手に解説に耳をかたむけ、市内の建築を精力的に見学してまわっていた。市民が身の回りの建築の価値を知ることは、シビックプライドを育み、ひいては、建築保存への有効な第一歩となるだろう。

このような活動の更なる発展を期しつつ、もう一つ、私が日本のまちに欲しいと思っているものを挙げたい。それは、よく、パリやロンドンでは見かける建物の設計者や建設年代、建物にまつわる由緒を知らせるプレートのようなものである。日本の建物には、「定礎」と書かれた碑銘がついていることはあるが、それは竣工年を知らせるだけで、設計者までは分からない。普段のまち歩きでサインから建物に関する情報を得ておき、年に数回行われるイベントに参加して内部を見たり関連レクチャーを聴いたりする。そんなサイクルをつくることで、徐々にまちの認識は変わって行くのではないか。建築保存の世界でも、ハードではなく、ソフトの戦略が今後、ますます必要になると感じている。

類推と実証

「辰野式」のルーツはどこか？

「何かと何かが似ている」場合、それが、建築史研究のきっかけになることがある、という話を学生時代に聞いた。世の中には、似た建物が結構あるが、それを単純に真似と切り捨ててしまうのは、勿体ない。

似ているのは、例えば、二人の建築家が子弟関係にあるといった強い影響関係があったからという場合もあるし、一方の建築が他方の建築を参照してつくられたからという場合もある。建築をつくる際には、多くの建築を知り、それらを組み合わせる中から、新たな空間が生まれることもある。建築は、料理と似ているとも言われる。どんな素材をどんな分量で混ぜ合わせるのか、その配合こそが、建築の質を決めるのであり、その配合の仕方にこそ、各建築家の個性があらわれるのである。

だから、ある建築が他の何かの建築に似ていた場合、その影響関係は探索をする価値があるだろう。そして、建築家が、なぜ、その要素を使うことに決めたのかを知ること、また、そのデザインソースがどこにあるかを知ることは、建築研究に思わぬ広がりを与えてくれる可能性もある。

福岡の天神にあり、二〇〇九年に竣工一〇〇年を迎えた福岡市文学館（旧日本生命株式會社九州支店）は、明治の日本人建築家第一世代にあたる辰野金吾（一八五四―一九一九）の作品であるが、辰野は、この作品をはじめ、東京駅丸ノ内本屋など、赤煉瓦に白い帯型を配したデザインを好んで使い、そのスタイルは「辰野式」とまで呼ばれるようになった。だが、このスタイルは、辰野自身も認めているように、彼が留学した当時の英国で、R・N・ショウ（一八三一―一九一二）という建築家が使っていたデザインを参照したものとされている。

とはいえ、一寸、奇妙なのは、ショウの作品で、このスタイルのものはアライアンス保険会社やニュー・スコットランド・ヤードその他数件であり、ショウのトレードマークとなったわけではないことである。実は、当時、ヴィクトリア朝の英国では、少し大ぶりの煉瓦が産業革命後の建設ラッシュを支えるために生産されており、煉瓦の建物は至るところで見られたのである。その煉瓦の建物の中には、帯型模様を持つものも少なくない。つまり、赤煉瓦に白い帯型を持つデザインは、とくにショウに限らず、当時の英国で広範に流行していたスタイルから採用したものと言ってもよいかもしれないのだ。

そして、実際、ショウの師にあたるG・E・ストリート（一八二四―一八八一）もまた、赤煉瓦に白い帯型を配した作品をつくっていることが分かった。さらに、そのストリートは、こうした建築をどうやらスペインやイタリアの中世建築から学んだらしいということも分かってきた。ここまで来ると、その建築はさらにイスラム世界やビザンツ帝国の建築にまでつながる。調べてみると、トルコにはシルケチ駅という赤煉瓦に白の帯型がついたものがあることが分かった。こうなると、辰野はもしかすると、単にショウの作品を参照したというのではなく、トルコのこの駅、あるいはビザンツの建築との関連からこのスタイルを選んだのではないか、と思えてくる。なぜなら、辰野の師であるJ・コンドル（一八五二―一九二〇）は、鹿鳴館や上野の博物館で、積極的にイスラム風の建築要素を使っており、そのコンドルから教育を受けた辰野も、ヨーロッパと日本をつなぐ中間点として、ビザンツの建築を参照しても不思議はないからである。

いやはや、こんなふうに芋蔓式に研究対象が広がると、収集がつかなくなってしまう。だが、このような研究は、例えば、東京駅はオランダのアムステルダム駅を模したものだという、実は根拠が良くわからないまま広範に知れわたった説に対して一石を投じることにはなるだろう。

福岡市文学館(旧日本生命株式會社九州支店)〈上〉。アライアンス保険会社(R.N.ショウ、ロンドン)〈下右〉とヴェローナの教会(G.E.Street(1874) *Brick and Marble in the Middle Ages.* より)

建築史は工学系研究分野の一つで、実証性が求められる。しかし、歴史学に不確定要素はつきものである。行き詰まったりしたときには、一度、類推の域にまでアンテナを広げてみることで、実証すべき論点を探し出すことも悪いことではない。

再生後に解体　手法を検証

ひばりが丘団地

二〇一〇年、年明けの一月五日、都市再生機構（UR都市機構）が手がける「ひばりが丘団地ストック再生実証試験」の現場（東京都東久留米市）を見学した。昭和三十五年に管理がはじまったひばりが丘団地は、一八〇棟もの住棟が建てられた、日本におけるマンモス団地の走りであった。現在は、その多くが「ひばりが丘パークヒルズ」として建替えが進んでいるが、もとあった住棟の三棟が、ストック再生実証試験の対象となっていた。

この実証試験がユニークなのは、これまで実践されてきた団地改修のさまざまな事例をもとに、他の事業ではなかなかできない、工事にまつわるさまざまな側面が検討された点である。

例えば、ここでは、階段室型だったものにエレベーターと片側廊下の設置工事をするにしても、まず、エレベーターの設置スペースの作り方、つまり、階段室の取壊し方から検証した。重機を使うもの、作業員がカッターで解体をするものなど、壊し方にもさまざまな方法があるのだ。そして、各方法を実際に使うことで、解体に伴う作業効率と騒音の関係を考察するのである。

また、各戸からエレベーターにアクセスするための片廊下についても、材料を変えたり、既存建物と新設片廊下の留めあわせ方を変えたりしている。普通ならば、どれか一種類の工事しかできないが、ひばりが丘では同時に数種の施工方法を検討した。

さらに、ひばりが丘の四階建住宅にはあまり関わりがないが、高層の住棟で、耐力が懸念される場合など、荷重を減らす大胆な方法として、層をまるごと撤去することが考えられている。その際、もとは天井であったものが、屋根になってしまうので、防水や断熱をするとともに、切断面の鉄筋の処理の方法などを検討した。

一方、既存の住戸の内部では、かなり大きな梁が現れていた。梁せい（梁の上端から下端までの長さ）は六十一センチメートルもあり、これでは、日本間で欄間が入る部分くらいがすっかり壁になっていたことになる。そこで、梁の形状を縦長から横に扁平な形にすることにより、強度を保ちながら、内部空間への影響を少なくする方法が検討された。実際にこの工事が行われた住戸を訪れてみると、開口部が高くなり、視界が開けて気持ちがよい。

ひばりが丘団地。一部、四階を減築している〈上〉。
当初の室内。大きな梁があらわれていた〈下〉。

印象的であったのは、従来、団地では平等が重んじられていたが、ひばりが丘では、積極的に各戸に差異を与えて行こうという意気込みが見られるところである。今までの団地では住棟の端に位置する住居でも妻側に窓を設けていなかった。また、一階住戸でも外部に出ることを想定したものは少なかった。しかし、ひばりが丘では、構造補強をして妻側に窓を入れたり、一階床を低床化し、車椅子対応の部屋とするなどの検討が行われている。

そして、このストック再生実証試験がすごいのは、つくっただけでは終わらないところである。少々、もったいない気もしたのだが、ここで試されたさまざまな方法が実際、どれほど有効なものなのかを検証するために、解体実験が行われたのである。形状を変えた梁が、既存の躯体ときちんと一体化し、想定された強度を持っているかなどが、建物を解体（破壊）しながら検証された。普通であれば数十年先にやっと分かることを、一気に実験してしまう点でも、ひばりが丘ストック再生実証試験は大きな注目を集めた。

見学会はかなり先まで予約でいっぱいであった。万博と同じで、期限があるから、来訪者が多かったのかもしれない。だが、すでに日本の住戸数は世帯数を遥かに越えており、これからは建てることではなく、減らすことも含めて、居住環境をととのえて行かねばならない。そのことに多くの建築関係者が気づき、意欲的に方策を学ぼうとしていることは実感できた。年明け早々、この見学会に足を運ぶ建築関係者の方々の熱気に触れることができたのは、よい一年のスタートであった。

小学校

簡単に取り壊してよいのか

現在、全国で一年間に約三〇〇もの小・中・高等学校が廃校になっているという。その理由は、都市化、過疎化、高齢化などさまざまである。だが、小学校というものは、たんに生徒がいなくなったからといって、簡単に取壊してよいものではないだろう。私は、建築保存についての講義の初回時に、自分がまもりたいと考える建築を挙げてもらっていたのだが、自宅や祖父母の家、日本の文化財的建築、有名建築家による作品に混じって、自分が通った小学校を挙げた学生が少なからずいた。小学校は、子どもが家庭をはなれて、初めて、平等に、社会との接点を持つ場である。また、中高に比べて小学校をまもりたいという意見が多いことからは、そこで過ごした時間が他に較べていかに濃密であったかが物語られているように思う。

建築の専門家は、有名建築家の作品であるとか、造形的な卓抜性などから、保存を訴え

大名小学校の玄関〈上〉と放物線アーチと半円アーチの窓

ジントギの階段手摺〈右〉と木製の手摺

がちだが、世の中には、心の拠り所として、思い出の場所として、まもりたい建物があるのだ。建築を学びはじめたばかりの学生たちの意見は、そのことを私に気づかせてくれた。

これまで、日本建築学会やドコモモは、W・M・ヴォーリズの設計した豊郷小学校（滋賀県豊郷町、一九三七年）や、木造によるモダニズム作品の傑作として、松村正恒が設計した日土小学校（愛媛県八幡浜市、一九五六、五八年・重要文化財）の保存に尽力してきた。そして、最近では、関東大震災後に建設されたいわゆる復興小学校など、公共建築で、設計者の不明な建築についても、保存要望書を提出するようになっている。

私の前任地である福岡には、復興小学校とほぼ同時期に建てられた小学校の一つとして、大名小学校（一九二九年）がある。鉄筋コンクリート造三階建、一教室の大きさは七・四五メートル×九・〇九メートルで当時の標準であった四間×五間とほぼ同じ規模である。一方、当時の学校設計にあたっては、校庭と教室・廊下の関係に関する議論がなされ、教室を南面させて校庭に向けるのが定石となりつつあったのだが、大名小学校は、教室は南面しているものの、校庭は北側に配置されている点が特異である。これは、確証はないもののの、大名の街並に対する連続性を狙って、敷地南側に校舎を配したのかもしれない。

建築意匠上の特徴としては、標準設計に従いながらも、アーチや幾何学的意匠が随所に散りばめられたものとなっている。中央玄関の横筋が入った柱はどっしりとしていて、個人的には九州大学箱崎キャンパスの応用力学研究所棟（一九二五年）などとも類似しているように思う。また、中央階段の最上部窓に半円アーチと放物線アーチが併用されているのは珍しい意匠だろう。さらに、中央階段は人造石研ぎ出し（いわゆるジントギ）で、上下階を途切れることなく一体的につないでおり、その量感がすばらしい。中央階段手摺の金物や、校舎の両端部の階段の木製手摺も、幾何学を意識した、シャープなデザインとなっている。

このように、硬軟織り交ぜた意匠が大名小学校の校舎にはあるのだが、私が、大名小学校のもう一つのみどころだと思うのは、隅々まで磨き上げられた木の廊下である。最近の一般家庭や公共建築では、これほどまでに磨き抜かれた廊下はめったに見られない。しかもそれは九十メートル近いのだ。近年では児童も減って、掃除は大変であったろう。廊下には、掃出口もあり、生徒たちが、長年、掃除をつづけ、校舎を大切に使ってきた歴史が感じられた。

文部科学省による「廃校リニューアル50選」の選定に係る調査研究報告資料によれば、廃校の約八割は福祉施設、地域コミュニティ施設、アートスタジオ、あるいは、ベンチャー企業の立ち上げを支援するインキュベーション施設などに活用されているという。廃校の活用は、すでに建築保存運動を起こすまでもなく、かなり進んでいる。

福岡市教育委員会は児童数減少のため、大名小学校など四校を統合し、二〇一四年四月に小中連携校を開校する計画を進めており、大名小学校は廃校となる。大名地区は、福岡でも古さと新しさが混じり合った活気ある場所だけに、期待されるところも大きい。どのようにしたらこの校舎を最大限に活かすことができるのか、積極的な議論を重ね、将来像を描いて行かねばならない。

批判された過激な教会堂修復

劇的ビフォーアフター

「大改造劇的ビフォーアフター」(テレビ朝日系)は、長い年月を経て、使いにくくなったり、構造的に不安定になった家を修理し、家族の歴史を大切にしながら、大胆に住宅を再生させる番組である。毎回、「匠」と呼ばれる建築家が登場し、趣向を凝らした改修が行われる。その結果、古い家は、元の家の記憶も残しつつ、現代的な生活にもなじむものに生まれかわる。番組は二〇〇二年にスタートし、途中、休止期間を含みながらも、現在まで続いている。最近では、長寿番組ならではの企画「リフォームその後アフターアフター」というものもあり、建築をやりっぱなしにしないという姿勢がすばらしいと思う。大学の建築学科に進学する学生の多くにとっても、この番組が、建築に興味を持つきっかけとなったようである。

だが、逆説的ではあるのだが、今回は敢えて、かつて英国で「劇的ビフォーアフター」

工事を終え劇的に変貌を遂げたセント・オルバンズ大聖堂〈上〉とその工事前の姿(John Earl(1996) *Building Conservation Philosophy*. より)

批判があったことを紹介したい。

時はおよそ十九世紀である。英国では十六世紀中頃にヘンリー八世がカトリック教会から独立して英国国教会をうちたてた際、多くの修道院が閉鎖され、教会堂が破壊された。しかし、十八世紀になると、国民国家形成の気運が高まるとともに、啓蒙思想が広まり、各国の歴史が、その国を由緒づけるものとして重要視されるようになった。また、宗教に関しても、一八二九年カトリック教徒解放令により、カトリック教徒に対する差別的規定が撤廃された。これに伴い、中世に建てられた、ゴシック様式の教会堂が大々的に修理され、使い直されるようになった。

けれども、当時の英国ではすでにゴシック様式は過去の様式となっており、その扱いに精通した職人も少なくなっていた。修理するにも、何を基準とすべきかが分からなくなっていたのである。そこで、学者や建築家はこぞって、ゴシック建築研究に励んだ。そして、議論を重ねた結果、当時の教会建築学グループの一つ、ケンブリッジ・カムデン・ソサエティは英国のゴシック建築には、初期イングランド式、装飾式、垂直式の三つの段階が見られたが、カトリックの典礼儀式を行うためには、装飾式のゴシックが一番、相応しいとの結論に達した。彼らは、教会堂を修理する際、もしも、一つの教会堂の中に、初期イングランド式や垂直式の部分があった場合には、そこを装飾式でデザインしなおすことを推奨した。また、装飾式の部分を持たない教会堂の場合は、すべてを建て替えてしまった方がよいとさえ言った。

その奨めに従った例、セント・オルバンズ大聖堂。

ビフォーの教会堂は、典型的な垂直式教会堂で、屋根勾配は緩く、狭間胸壁（パラペット）の後ろに隠されており、中央窓のステンドグラスの方立は縦格子風のシンプルなものであった。しかし、装飾式の姿となったアフターでは、急勾配の屋根がかけられて、正面に三角形の破風がつき、ステンドグラスには円形のバラ窓が挿入された。また、正面の壁面全体にアーチ彫刻が施され、入口も二カ所増えている。この姿は、かつての教会堂の姿ではない。この教会堂が、かつてあったこともないような完璧な装飾式ゴシックの姿である。

当時、こうした事例は英国のみならずヨーロッパ各地で見られるようになっていた。だが、これに対して懐疑の念を抱く人々が現れた。美術評論家のJ・ラスキン（一八一九―一九〇〇）や、アーツ・アンド・クラフツ運動の中心となったW・モリス（一八三四―一八九六）らである。ラスキンは、過激な修復の事例を見て「はじめから終わりまで嘘でぬりかためられている」と激しく非難し、嫌悪した。そして、ラスキンに強く影響をうけたモリスは一八七七年に古建築保護協会（The Society for the Protection of Ancient Buildings:

SPAB）を設立した。同協会の設立宣言は、ありとあらゆる介入を否定し、「傾いた壁にはつっかい棒をし、雨漏りのする屋根には覆いをかぶせる」そういった、最低限の手入れ以上のことはすべきではない、と主張するものであった。

つっかい棒や覆いだけで古建築をまもれというのは、随分と過激な主張である。だが、モリスをしてそう言わしめたのは、当時、あまりにも恣意的な修復が世に蔓延していたせいではなかったか。

「大改造劇的ビフォーアフター」は、すでに「劇的」なことばかりを売り物にする番組ではなくなっている。だが、今後は「劇的」なことよりもむしろ、今は古くさく感じるだけかもしれない元の家のプラン、外観、ひいてはその古びたたたずまいを残すことへの志向性が高まることを、私は期待したい。

駅舎

多様な鉄道文化、多様な姿

二〇一一年三月十二日、九州新幹線が全線開通し、新装なった博多駅の各施設もその一週間ほど前からオープンした。九州の鉄道文化は新たな局面を迎えたといえよう。

「鉄道文化」は、きわめて、ハイブリッドな文化である。工学分野でも、建築（駅舎）、土木（交通）、機械（車両）、電気（動力）などが関わる。また、鉄道が結ぶ各地のビジネス、観光など、経済面にも大きな影響力がある。さらには、駅弁などの食、ガイドブックや絵はがきなどの出版にも関わりがある。

その中で、特に建築が関わる「駅舎」は、本質的には、人や物が行き交う場所であるが、その姿は、時代や場所、求められる機能によって、実に、さまざまなものになり得る。博多駅も、一八八九年の開業以来、何度か場所をかえ、四回（五回との説もある）もの改築をおよそ一二〇年の間に経験してきたのである。

駅舎の多様性を見るために、話を若干さかのぼらせれば、そもそも、産業革命発祥の地英国では、鉄道は当初、おもに物資の運搬の手段だった。しかし、石炭を燃料とする蒸気機関は、煤煙が大きな問題となった。また、田園風景を切り刻む鉄路に対して、自然愛好者は好ましく思っていなかった。そのため、当時、駅舎はむしろ、町の周縁部につくられることが多かったのである。そして、駅のプラットフォームを覆う巨大な鉄製のトレイン・シェッドは、どちらかと言えば見るに好ましくない存在として、町の正面からは見えないように、他の建物で隠されることも多かった。代表的な例としては、ロンドンの北の玄関口にあたるセント・パンクラス駅が挙げられる。この駅は、一八六八年に鉄製カマボコ型のトレイン・シェッドをウィリアム・バーロウ（一八一二―一九〇二）が設計し、その後、ミッドランド・グランド・ホテルが町側にジョージ・ギルバート・スコット（一八一一―一八七八）の設計で建てられている。

日本においては、鉄道が新橋―横浜間に開通した時には、嫌悪の感は少なく、むしろ文明開化の象徴として受入れられたようだ。駅舎は、木造のごく素朴なものから、町の「顔」として、華やかなデザインがなされたものが、明治から大正、昭和初期に数多く作られた。九州でも、九州鉄道の起点である門司港駅はとくに壮麗なもので、国の重要文化財になって、往時の賑わいを今に伝えている。その他、折尾駅（一九一六年）や直方駅

（一九一〇年）も同様に、町の「顔」となることを意識した駅舎といえよう。折尾駅は規模としては門司港駅に匹敵するものであるが、駅の再開発に伴い、二〇一二年末、解体された。直方駅は、ポーチ部分で三本の組柱による凝った柱の表現が見られるところ、正面の三角破風の部分に放射状の模様が配されているところなど、大変にエレガントにまとめられ、辰野金吾が設計した大阪の浜寺公園駅（重要文化財）にもつながる佳作であった。

これらの木造駅舎に比べると、戦後の駅舎は、機能重視で若干、味気ないものになってしまった。

だが、最近、九州で建てられた駅舎の中で、日向市駅（二〇〇八年・内藤廣設計）は、旅客の輸送をスムーズにするという機能に特化しながら、それ自体の空間を美しく仕上げたものとして、特に注目すべきものである。地元産の杉の集成材をふんだんに使った架構の連なりは、力強さと繊細さをあわせもっている。

そして、二〇一一年に開業した博多駅は、デパートや映画館を併設した巨大な複合施設となっている。ここは、もはや、単に人や物が行き交い、通り抜けてゆく場所ではなく、人や物が集まり時間を過ごす場所となっている。

さて、では、建築保存の面から駅舎をみると、どうなるか。機能にあわなくなった駅舎の保存には、大きな困難が伴うことは理解できる。だが、前述のセント・パンクラス駅な

セント・パンクラス駅ホテル（G.G.スコット設計）〈上〉と
同駅トレイン・シェッド（W.バーロウ設計）

直方駅〈上〉と日向市駅

どは、最近、ノーマン・フォスターの設計でユーロスターの終着駅としての拡張工事が終わったばかりだが、バーロウのトレイン・シェッドも残されており、また、スコットのミッドランド・ホテルも、改装ののち再びホテルとしての営業をはじめた。三種の趣の異なるものが並存していることにより、大変に魅力的な建築体験ができる場所となっている。各時代の各ニーズを体現したそれぞれに異なる駅舎建築そのものが、鉄道文化の多様性を今に伝える貴重な資料であるといえる。駅舎それ自体の保存に大いに意義があることを訴えたい。

音楽と建物

愛着から深まる関係性

二〇一一年九月、私は福岡古楽音楽祭の合唱ワークショップというものに参加した。指導をして下さったモールテン・シュルト＝イェンセン氏は発声の基礎から丁寧に私たちを「治療」しつつ、最終的には、実に多様な歌の世界を垣間見せて下さった。

課題曲は、ルネサンス期の作曲家パレストリーナの作品、有名なモーツァルトの父、レオポルト・モーツァルトのミサ、そして現役のデンマーク人作曲家ニールス・ラ・クールのミサの三曲であったが、最後のラ・クールの作品は終曲に、中世グレゴリオ聖歌のモチーフを使っている。つまり、ルネサンスから古典を経て現代へ至り、中世へと回帰するという構成になっていたのである。

これは、私にとっては、大変に示唆に富んだ曲目構成であった。なぜなら、このように、さまざまな時代の作品を歌うことを通して、どの時代の音楽もそれぞれに素晴らしく、貴

旧東京音楽学校奏楽堂〈上〉と大規模改修工事が進行中の京都会館

重なものだということを再認識させてくれたからである。

話がやや飛躍しているかもしれないが、建築の世界でも、すべての時代の作品が貴重なものである。古いものから近過去のもの、現代のもの、それらの蓄積があればあるほど、豊かな建築の世界が体現できるのではないだろうか。

ただ、建築の場合、音楽のように楽譜に記して図書館で保存できるようなものでなく、社会経済活動の行われる限られた土地で保存をして行かねばならないところが難しい。

それでも、有り難いことに、音楽関係の建物は、日本の建築保存の歴史において、利用者たる音楽愛好家の方々の協力によって、救われたことが多々あった。例えば、上野の旧東京音楽学校奏楽堂（一八九〇年・重要文化財）は日本で建てられた最初の本格的な西洋式音楽ホールであったが、七十年代初頭に愛知県犬山市の明治村へ移築される話が持ち上がった。しかし、音楽家、建築関係者、そして市民が、奏楽堂は上野から出るべきではない、との一致した意見を掲げて運動をした結果、数百メートル動いた先の、上野公園の一角に移築されることになった。上野の奏楽堂は、建築の現地保存の理想を強く主張したものとして、建築保存の歴史の中でも重要な事例となっている。

また、神奈川県立音楽堂（一九五四年・前川國男設計）は木のホールとして高い評価のあったホールであったが、取壊し計画が持ち上がった時に、音楽家の方々が声を大きくして保存を訴えてくれた。しかも運動の中で、前川作品は、建物内外の関係の作り方に特徴があることを指摘し、結果として、一体的に計画された図書館をも救ってくれた。

興味深いのは、プロの演奏会の場合、ある程度、音響や防音といった性能についてシビアにならざるを得ないが、アマチュアの音楽愛好家の場合、若干、機能の面で不都合があっても、レトロな雰囲気を楽しむ許容力があることである。

私は以前にアマチュア合唱団の一員として前述の上野の奏楽堂で演奏をしたことがあるのだが、上野の奏楽堂は、壁が漆喰仕上げで床下には遮音のためのワラが詰め込んであるため、残響時間がかなり短く、歌い手としては少々つらいところがあった。しかし、他の団員は、案外とそのことを意に介せず、あの雰囲気の中で歌えたことをとても喜んでいた。

私としては、音楽を通して、建築保存に繋がる活動ができるのならば、願ってもないことである。

そう思っていたところ、この年の福岡古楽音楽祭が開催した無料コンサートの三つの会場（アクロス福岡、九州国立博物館、博多小学校）は、どれもＭＡＴ　ｆｕｋｕｏｋａという福岡の近現代建築を紹介するイベントで取り上げられていた建築であったことに気づいた。福岡では、建築と音楽とのよき関係がおのずと形成されていたのである。

さまざまな趣味を持った人に、さまざまな建築を使ってもらい、日々の活動の中から、建築に対する愛着を生むことができれば、それは、建築保存にとって大きな力となるだろう。そうして、さまざまな時代の建築をとりそろえて身の回りに増やして行き、多種多様な建築からなる豊かな建築世界を作りたいものだと思う。

遊興空間としての水

都市の第二の生活面

二〇一〇年五月のある日曜日、晴天に誘われて散歩に出かけた。天神を目指して歩いていたところ、川端商店街のあたりの人出が通常より多く、にぎやかだった。川沿いまで来ると両岸の遊歩道が人で埋め尽くされていた。どうやら、「舟乗り込み」という歌舞伎役者が舟に乗ってお披露目をする行事の日であることを、ポスターを見て知った。これは幸運だ。

さっそく、人々に混じって遊歩道に降り、居場所を確保する。すると、近所の小学生とおぼしき子が、「これ、よかったらお願いします」と言って手のひら一杯の紙吹雪を渡してくれた。お祭りに招き入れられたようで、嬉しくなった。

そうこうしているうちに、大きな歓声とともに、紋付袴姿の歌舞伎役者さんたちが数艘の舟で川を渡ってきた。なんと、あれは歌舞伎ファンの友人が贔屓にしている中村吉右衛

若戸大橋を渡船から見上げる

門さんではないか！　坂田藤十郎さんもいる。紙吹雪を撒いた後は次々に現れる役者さんたちに夢中で手を振りながら、博多川の沿道が何とも晴れやかな祝祭空間に変貌していることにすっかり驚嘆した。そして、私は、この時、川や池、海といった水面は、普段は人の立ち入らない貴重な都市のオープンスペースでありながら、ひとたび舟を浮かべれば、すばらしい舞台装置となることを知ったのだった。

　都市と水との関係については、水の都ヴェネツィアの研究者として知られる建築史家の陣内秀信先生が、イタリアやヨーロッパ諸国のみならず、東京、日本そしてアジア各地の港町を調査し、歴史的な変遷を明らかにする興味深い研究を長年続けられている。海、川、そして水路まで、かつて水はさまざまな形で都市に接し、都市に内包されていた。

　だが、輸送手段としての船は、鉄道や自動車の発達により、近代以降、不利な立場となった。船は大量輸送には向いていても、小回りが効かず迅速性に欠ける。鉄路や道路などのインフラの整備・維持管理が必要ないという利点も、航空機の登場でかすんでしまった。舟運の復活を声高に叫んでも、今ひとつ説得力に欠けるのである。

　けれども、舟運に関する著書の中で陣内先生が出光美術館所蔵の『江戸図屏風』を例にとりながら、「舟の交通が物資を運ぶ産業・経済のみか、文化や遊びの範疇にも広く活用されていたことが注目される」と述べているように、水との関わりは、何も運輸に限ったことではない。遊興空間としての水はまだまだ大きな可能性を持っているはずだ。実際に、私は九州で幾度か船を使った旅をして大いに楽しんだ。

例えば、二〇一一年の五月、初めて那珂川水上バスを利用して天神から能古島へ渡ってみた。途中、福岡タワーやヤフードームなどを遠望し、一気に遠足気分が高まった。また、島原と天草へ出かけた際、島原―熊本間、天草―三角間の船旅では、カモメと戯れたり、沈む夕陽に浮かぶ島々を眺めるなどの非日常感を堪能することができた。若松―戸畑間のわずか十分程度の渡船も、若戸大橋の偉容を真下から眺めることができて面白かった。柳川の川下りに至っては、刻々と変化する景色、船頭さんの巧みな話や歌など、この上ない愉楽の時を過ごさせてもらった。

これらの船上から見た風景は、ありきたりの陸上の行楽地よりもずっと変化に富み、時に壮大で優美であり、その船上で、私の五感は陸上にいたときとは比べものにならないくらい、多いに刺激されていたと思う。

近年、河川敷や海岸など、親水空間の整備が各地でなされている。しかし、そこはあくまで「陸」であり、水上の風景を「眺める」場所である。そうではなく、より積極的に人々が水面に繰り出し、憩い、時に演じる仕掛けをつくることはできないか。そうして水面を第二の生活面とみなして行く。これは、難しいことではあるが、将来、都市計画や土

夕暮れの天草

木、船舶と建築が技術的に協同してゆけば、不可能ではないはずだ。かつて建築家のル・コルビュジエは船舶から大きな影響を受けて建築を設計した。今度は、建築的・都市計画的な視点で船を設計したらどうか、などと想像を巡らせてみたりもする。（海上都市のような常設のものでなく、建築のようだけれども、船のように移動が可能で、自然環境に配慮した、撤収もできるもの？）今の段階ではほとんど絵空事だが、このようなことを発想してしまったのも、水の持つ大らかさのなせる業であるかもしれない。

建築の現在、これから

本では分からない「本物」の力

妹島和世

私は建築設計をしないし、それほど現代建築に詳しいわけではない。だが、古い建物だけでなく新しい建築を見るのも好きだ。雑誌や映像資料もさまざまなものがあるが、現場で建築作品を見ること、そしてその中に入って、空間を体験するのは何にもましてエキサイティングなことだ。実物を訪れて、印象、とくにスケール感のギャップに驚かされることは、少なくとも、私にはよくあることだ。

そして、私が、もう一つ、好きなことがある。それは、建築家の話を生で聞くことである。建築家の書く文章は、難しい、といわれる。近頃は分かりやすい言葉を使う建築家がむしろ主流になってきているが、一昔前の建築家などは、抽象的で哲学的な文章を多く書かれていた。しかし、建築家本人が建築と照らし合わせながら説明をしてくれると、ぐんと理解が進むのは確かである。また、話そのもの以外にも、本人から醸し出されるオーラによって、文章だけではつかみ取りきれなかった、建築家が進もうとしている方向性がおのずと見えて来るような気がするのだ。

私に、最初に建築家の話を聞くことの楽しさ感じさせてくれたのは、先に建築界のノーベル賞といわれるプリツカー賞を受賞された妹島和世氏である。確か、一九九九年頃であったと思う。妹島氏は私が学生の頃からすでに注目を集める建築家だったが、軽い建築、いや、薄くて模型のような建築を作る人というイメージがあった。どちらかというと重厚な建築を好みとしていた私には、あまり興味を持てない建築家だった。

けれども、講演会に現れた妹島氏は、さまざまな点で私の想像とは異なる方だった。第一に、声が低い。小柄でやせ型の姿から思い浮かべた声とは違っていた。また、話し方も落ち着いている。話す内容を聞いてさらに驚いた。各プロジェクトで、自身の問題意識が、実にシンプルに建築表現に直結している感じがしたのだ。

例えば、当時竣工したばかりのＳ―ＨＯＳＵＥ。この住宅のプランは「回」の字型で、一階は田の字型に四室が配された周りを回廊が取り囲んでおり、二階は一室空間のリビング・ダイニングで、一階の回廊部分が吹抜けとなっている。この回廊、一見、小さな住宅では無駄に見える。もし、廊下を中廊下式にしたら、回廊式の四分の一の長さで各室に至ることができただろう。だが、この回廊は上階と下階で生活感を共有するための空間であり、各室が外部と接する際には、縁側のような緩衝地帯となる。また、一枚の外壁だけなら、その壁は堅固なものにしなくてはならないが、外部と内部を区切る皮膜を二重にすることにより、外壁の担う役目を軽くすることができる。結果、S―HOUSEの外壁はよく仮設建物などに使われるポリカーボネイトとスレート波板仕上げとされ、ローコストが実現されていたのである。

　私がこの時感じたのは、S―HOUSEの形態はローコストという条件の必然もあって生みだされたものではあるが、おそらく、妹島氏には、材料のコストを抑えてでも、実現したい空間があったのではないか、ということだった。

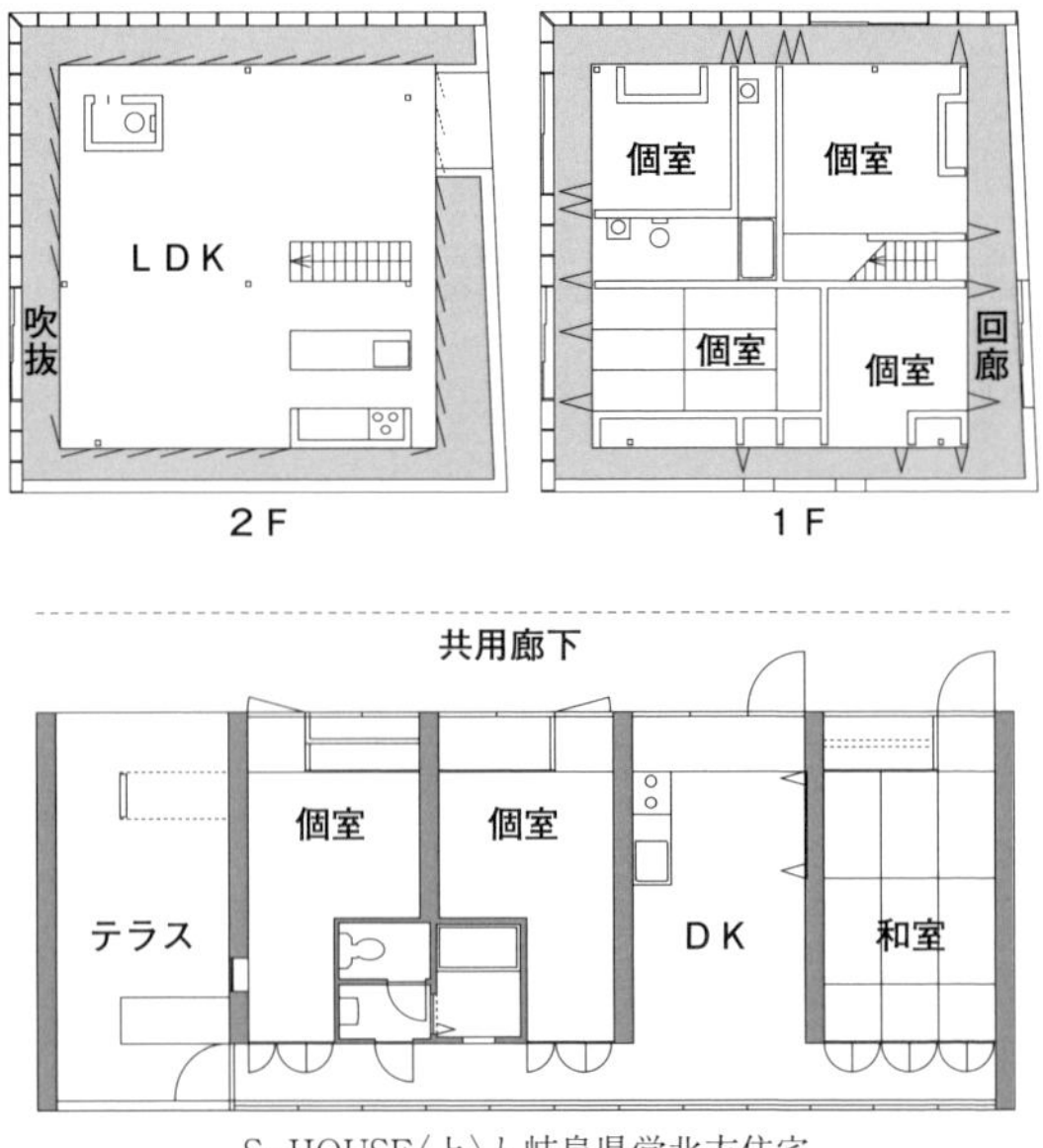

S-HOUSE〈上〉と岐阜県営北方住宅

　その他、岐阜県営北方住宅は、基本的に一室分という大変に奥行きの浅い住戸が並んでいるが、それにより、各戸に少なくとも二つの共用廊下から出入りできる場所をつくることが実現されていた。このプランに対しては、家族分裂をもたらすのではないか、などと揶揄する声も聞かれた。だが、妹島氏はその理由を「生ゴミと人が同じ玄関から出ていくのはおかしいと思った」というように説明された。かつての日本家屋には玄関と勝手口があった。現在、大方のマンションには勝手口がないが、そのことは、玄関という外と内をつなぐ場所の神聖性を奪ってしまっていたことに気づかされた。妹島氏がその違和感を解消すべく、苦労してこのようなプランを作られたことには、感銘の念すらおぼえた。

恥ずかしながら私は、妹島氏が以上のような建築のつくり方をしていることを、雑誌を見ているだけでは到底、読み取ることはできなかったと思う。彼女自身に語ってもらうことによって、はじめてその世界に少しばかり近づけたのである。

建築家の皆さんにはご苦労なことであるが、ぜひとも、ご自身で、自分の建築について、ライブで語っていただきたい。ライブが一番、というのは音楽と同様、建築にとっても真である。

ただ、私が今、反省しているのは、あの時、妹島氏を理解した気になってしまって、その後のめざましい活躍にも関わらず、あまり作品を見に行っていないことである。とんでもない怠慢であった。建築作品と建築家、その二つの本物にバランスよく触れるようにせねばと自戒している。

住宅のなかの路地空間

谷尻誠

経済性や効率性を重視し、プライバシーを偏重した内向きの住宅。それは、昨今、求められている住宅像ではない。だが、どこまで、そして、どのようにしたら、住宅は人間の棲家であり、自然災害や人災から住人を保護し、資産やプライバシーをまもりながら、開放性を得られるのだろうか。

二〇〇五年、西澤立衛氏が世に問うた「森山邸」は、ワンルーム賃貸住宅とオーナー住宅の個室やダイニング、リビング、浴室などをそれぞれ独立したものとして建て、敷地に散らしたものだった。うっかりすると、知らない外部の人が入り込んでしまいそうな開放性であった。建築史家の藤森照信氏はこのような建築のことを「分離派」だと評した。誤解なきように補足するが、「分離派」とはもともとは、大正時代に活躍した堀口捨己や山田守らによるグループ名で、彼らは、歴史主義的な様式から「分離」し、新たな造形手法を模索した。今回、藤森氏が「分離派」と言っているのは、各部屋が物理的に「分離」した建築を建てる人々である。

しかし、物理的に部屋が離れていると、雨の日は傘をさして浴室に行かなくてはならないようなこともおこる。プライバシーは自宅の窓のカーテンをひくことによってしか担保されないという生活は、なかなか一般人の共感を集めるものとはなり得なさそうだ。

それに対して、二〇〇九年に竣工した谷尻誠氏の「豊前の家」は、一見したところ、「森山邸」の平面と似ているが、部屋と部屋の間をガラス張りの屋根が覆っている。そのため、確かに室と室は分離しているが、つなぎの部分が屋内となっているので、外部の人が入って来ることはなく、居住者のプライバシーはまもられていれる。そして、この室と室の間の空間には、三輪車や椅子、観葉植物などがおかれ、まるで路地のような心地のよさが生まれている。これは、もはや「分離派」の建築ではなく、まったく別のもの、敢えて言うならば「路地派」の建築になっているように私には思われた。

路地とよばれる細い道は、近現代の都市計画の中で急速に失われてきたものである。現行の建築基準法では、建築は、基本的に幅員四メートル以上の道路に最低二メートル以上接することが求められている。「道路」として認められない路地は区画整理の対象となり姿を消した。そして、いったん、失われ始めた路地は、その後、いくら「まちづくり」や

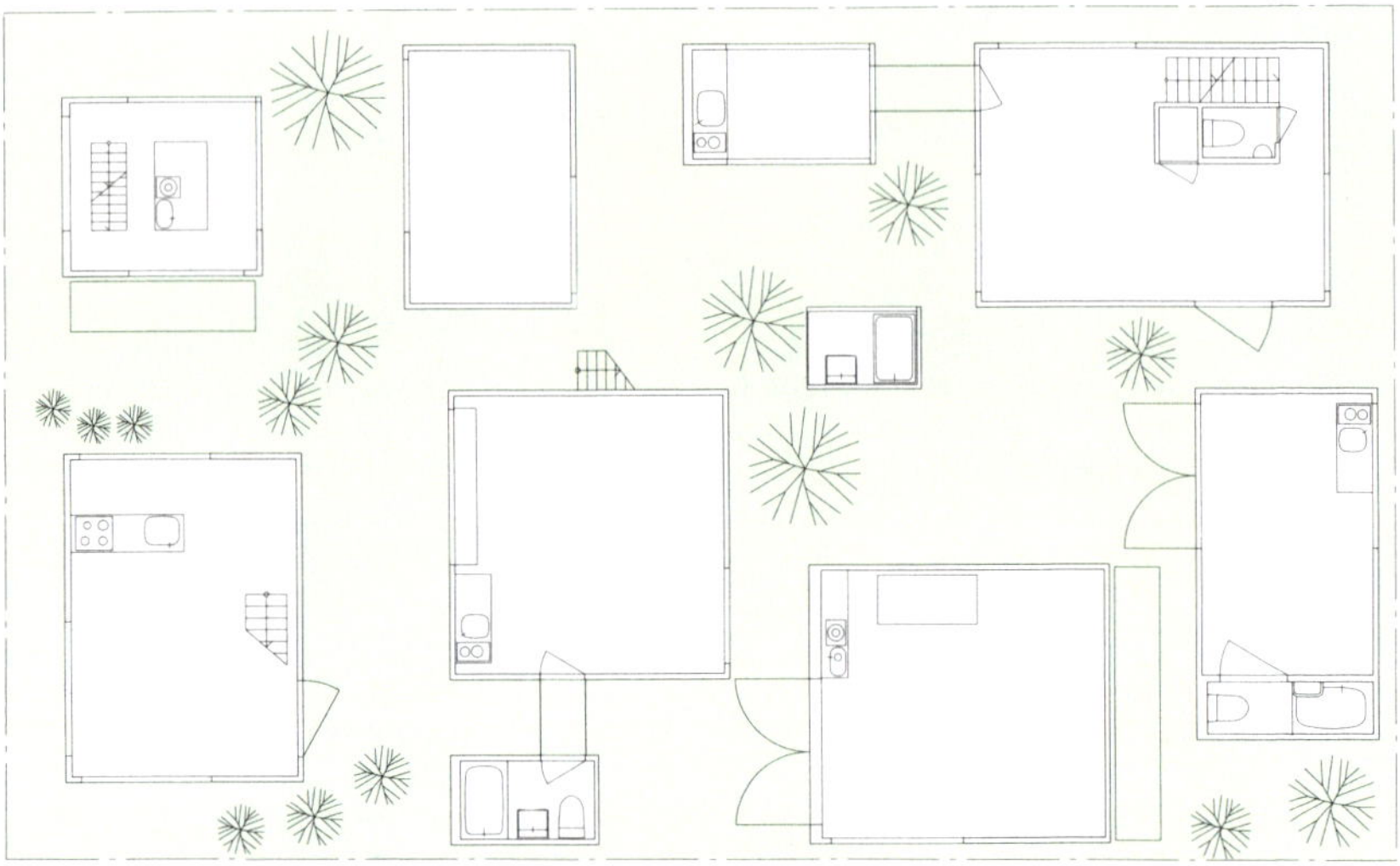

森山邸。数軒のワンルーム賃貸住宅とオーナーの専用住戸が敷地に散りばめられている。
緑色の部分は屋外（『GA Architect 18<妹島和世・西澤立衛>』に掲載の図面をもとに作成）

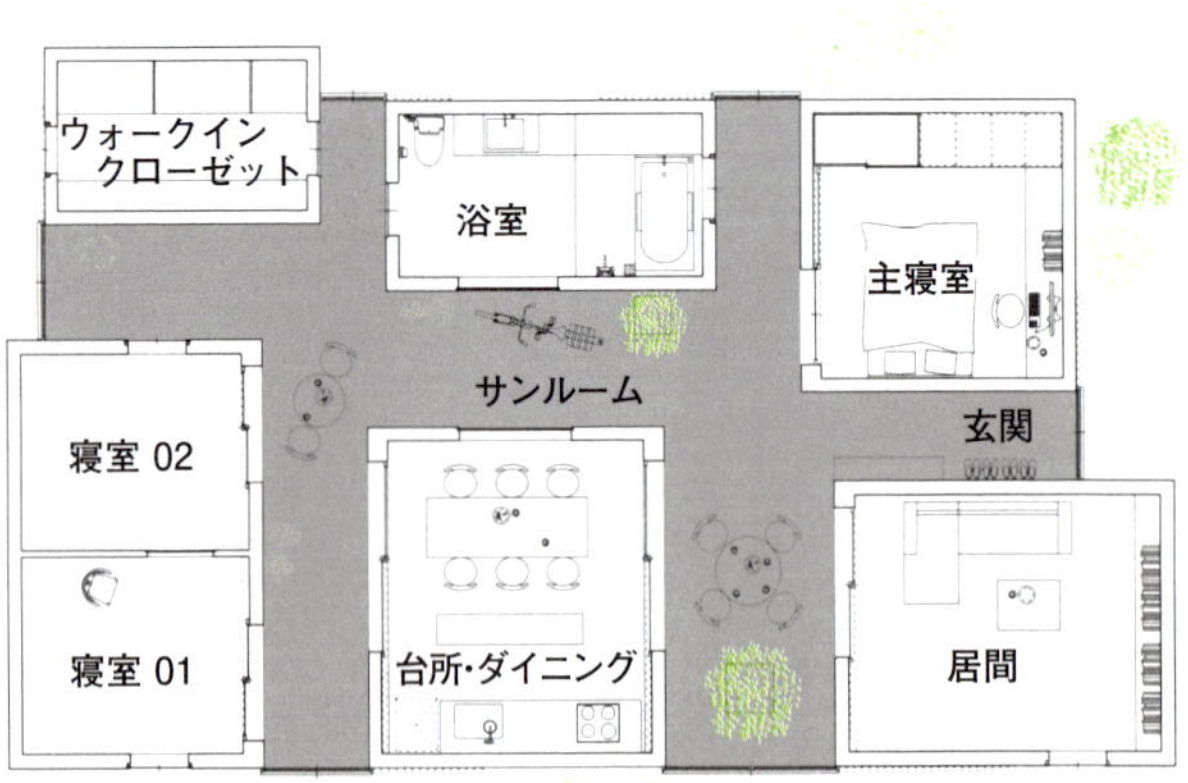

豊前の家。戸建住宅。グレーの部分は屋内の路地空間
（冊子『ARCHITECTON』総合資格学院発行vol.3に掲載の図面をもとに作成）

「まち歩き」が人気を博しても、容易に再生されることはなかった。今回、ようやく、私空間の中で路地が復活したのである。

そして、私空間での路地の復活は、もう一つ、今まで「サーバントスペース」とされてきた「廊下」が「マスタースペース」になったところが興味深い。

このことを説明するためには、いったん話を六〇年代に戻さなくてはならない。一九六〇年に世界デザイン会議が行われた際、建築家菊竹清訓はアメリカの大建築家ルイス・カーンとの対談の中で、カーンのいう建物の諸室の主従関係、「マスタースペース」と「サーバントスペース」の認識に意義を唱えた。カーンは例えば、学校であれば、教室がマスタースペース、廊下がサーバントスペースであると考えたのだが、菊竹は、学校建築においては、廊下の方がネットワークとして重要であり、さまざまな情報が行き交う場所であるとし、廊下こそがマスタースペースであると反論したのである。

もう一度、「豊前の家」を見てみよう。ここでは、明らかに、家族の生活の中心は、囲われた各室にあるのではなく、この路地空間にある。廊下がついに、菊竹の予言どおり「マスタースペース」になったのである。

住宅の開放性をおしすすめた現代版「分離派」から、路地の復権、そして、ついには廊下の「マスタースペース」化へ。二〇一〇年、私は、福岡市近郊で、谷尻氏の他、石上純也氏、中山英之氏の講演を聞き、東京で藤本壮介氏の展覧会を見る機会に恵まれたが、彼らにも共通してこのような傾向は見られるように思う。彼らは総じてソフトな人あたりで、歴史的大命題を解いているというような気負いは感じられなかった。しかし、今まさに、建築の歴史が進みつつあるのではないか。そんな予感も、私は抱いた。

輝きを増す広島計画

丹下健三

二〇一一年二月、大学の地方入試監督のため、広島に滞在した。私は、学生時代から何度か広島を訪れているので広島にはなじみがあるほうだ。なぜ広島を訪れているかというと、私は、原爆ドーム（一九一五年創建時：広島県物産陳列館・一九四五年被爆時：広島県産業奨励館）について、建築保存の立場から研究をしているからである。

西欧諸国においては、歴史的に、過去への憧憬から廃墟が愛でられるという事象があった。廃墟趣味はある種の道楽のようなものでもあった。だが、広島の場合はそうではない。また、日本においては、意識的に廃墟を保存した経験はなく、原爆ドームの保存には技術的、制度的、そして心情的にも多大な困難があったものと思われる。そこで、私は、建築や都市計画、制度、そして一般市民が、原爆ドームの保存に果たした役割がいかなるものであったかを明らかにしようと試みているのである。

広島平和記念公園。慰霊碑から原爆ドームを遠望する

だが、研究を始めるにあたって、私は、関東育ちで、広島を訪れたことさえなかったので、不安な要素もあった。実際、研究をはじめてからは、実に知らないことの多かったことに、新鮮な驚きを感じるとともに、身の縮む思いのしどおしだった。

たとえば、恥ずかしながら私は、建築の世界では有名な、広島平和記念公園および資料館の設計競技が一九四九年に開催された時には、「元産業奨励館の残骸」は「適当修理の上存置する予定」とされるのみで、確実に残る保証まではない状況であったことを知らなかった。そのような段階で、丹下健三らが公園計画の軸線の焦点にこの廃墟を据えたのは、瞠目すべき英断であり慧眼であった。

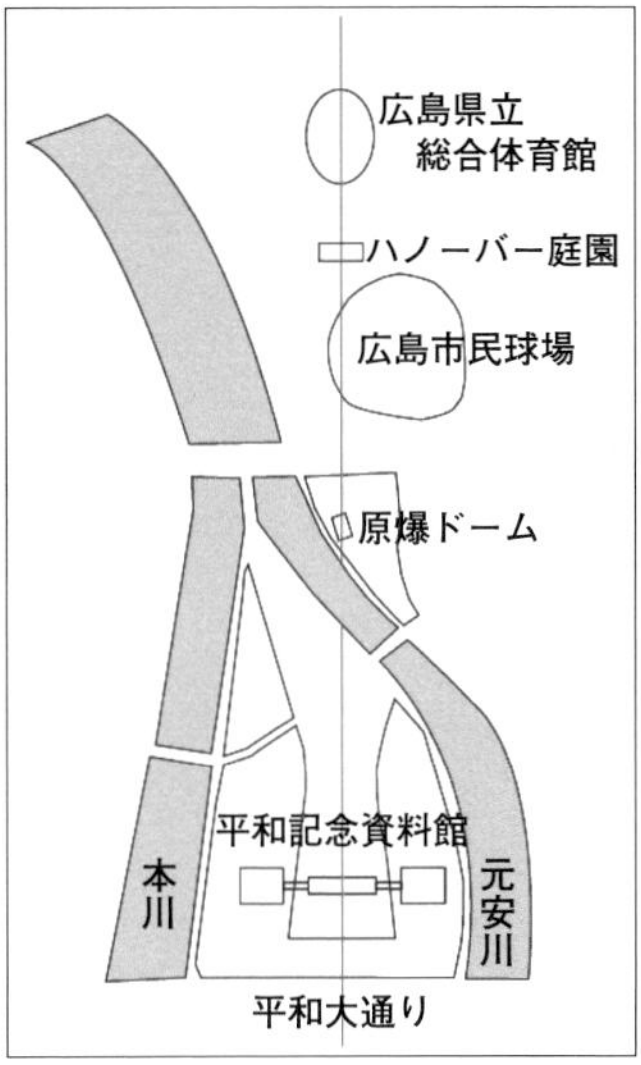

平和記念公園の軸線は広島県立総合体育館まで貫かれている

また、その後、広島市議会で原爆ドームの永久保存決議がなされたのは、戦後二〇年もが経過した一九六六年であったが、この時の修理工事は、募金によって費用がまかなわれ、それが現在も基金として生きていることも、私は知らなかった。制度や補助金によってではなく、民意と民間資金によって原爆ドームがまもられて来たことに、賛嘆の意を抱かずにはいられなかった。

さらに、一九九五年には、原爆ドームの世界遺産登録を見据えて、文化財保護法の史跡指定基準を変えることまでしていたことも、私には驚きだった。二〇一〇年十一月、「建築保存の現在」というシンポジウムで広島のことを発表した際、建築史家の中谷礼仁氏も「生きた建築は法規に縛られる。だが、死んだ建築は法規をつくる」と言って驚嘆されていたが、私たちは、本当にまもるべきものがあるときには、制度を越えてゆく勇気をもたねばならないことを知った。

そして、近年の動きとして、私が注目しているのは、二〇〇九年に丹下の直筆書簡が広島市公文書館で保管されていたことが判明したことと、二〇一〇年、建築家の磯崎新氏が、実現されなかったイサム・ノグチの慰霊碑の復活を提案したことである。私には、この二つの出来事は相携えて、広島計画の完遂を訴えているように感じられる。

これに関連して、最近気づいたことがある。それは、丹下が平和大通りから垂直に、原爆ドームを貫くように設定した軸線は、平和記念公園内にとどまらず、市民球場の北側のハノーバー庭園や広島県立総合体育館にも繋がっていることである。丹下のひいた軸線の上にノグチの慰霊碑がおかれたとき、丹下の広島計画は今一歩、完成に向けて歩を進めることになるだろう。そして、何よりも、ノグチが希求したであろう和解に向けた大きな一歩となるのではないか。

私が、広島のことを研究すべきか迷っていたとき、恩師の鈴木博之先生は、広島は、世界中の人々が知っている場所であり、日本と世界との接点である。建築にとどまらず、広く、そして長く追求していくことのできるテーマであるとおっしゃって下さった。

確かに、私は、広島のことを建築保存の立場から研究を始めたが、研究成果云々よりも、日本人として、あるいは人として、知っておくべき多くのことを知ることができたことの方が大きかったと感じている。これからも、原爆ドームおよび広島を、希望と期待をもって注視し、研究の対象としてゆこうと思う。

仮設住宅案に込めた「希望」

山本理顕

二〇一一年三月十一日、東日本大震災が発生した。建築は、住宅、公共施設、商業、生産施設など、あらゆる人間活動の拠点となっていることから、復興計画の中でも大きな比重を占める分野である。復興に向けて一日もはやい取組みが必要となる。

その中で、とりわけ迅速に復興のビジョンを示した建築家がいる。山本理顕氏である。山本氏は早くも三月二四日付で「仮設住宅に関する提案」を発表した。ここでは、住宅を向かい合わせに配置すること、玄関の扉を透明にすること、住棟を通りに対して二メートルほどずらしながら配置することにより、井戸端会議ができそうな適度な溜まり場をつくること、また、仮設住宅への入居に際し、それまであったコミュニティを維持するための、地域ごと抽選の方法などが提案されている。いずれも、すぐにも実現できそうなアイディアであり、かつ、これまでの仮設住宅の様相を一変させることが期待できるものである。

熊本県営保田窪第一団地

山本氏の初動の早さは、二、三十年以上も前から、とくに住宅について考え、次世代モデルを提示・実施しつづけてきた蓄積によるものである。氏にとっては、これは震災の特別対応ではなく、広く一般的にあるべき住宅の姿であろう。

具体的には、山本氏はこれまで、近代の住宅が押し進めて来た、職住分離、食寝分離、公私分離、就寝隔離など、一つの機能に一つの空間を与えることを理想とした建築のあり方を批判し、食寝一体、職住混在の、そして開放的な住宅を大胆に、提案し続けてきた。その手法はやや強引なところさえあった。

例えば、初期の実例、熊本県営保田窪第一団地（一九九一年）は、従来の南面配置をやめて、コの字型に住棟を配置し、住戸のリビングリームを中庭に向けるとともに、住戸内でも基本的に個室の壁を設けず、昔の日本家屋のように畳敷きで建具による間仕切りの方式を取った。しかも、個室とリビングルームは半屋外の渡り廊下で繋がっており、よく言えば大変に開放的、しかしプライバシーや冬期の居住性の観点からはやや疑問視される住宅となった。また、活発な利用がなされると目された住民だけのプライベートな中庭も、どちらかといえば閑散としていて、積極的に使われているようには見えないなど、住民の

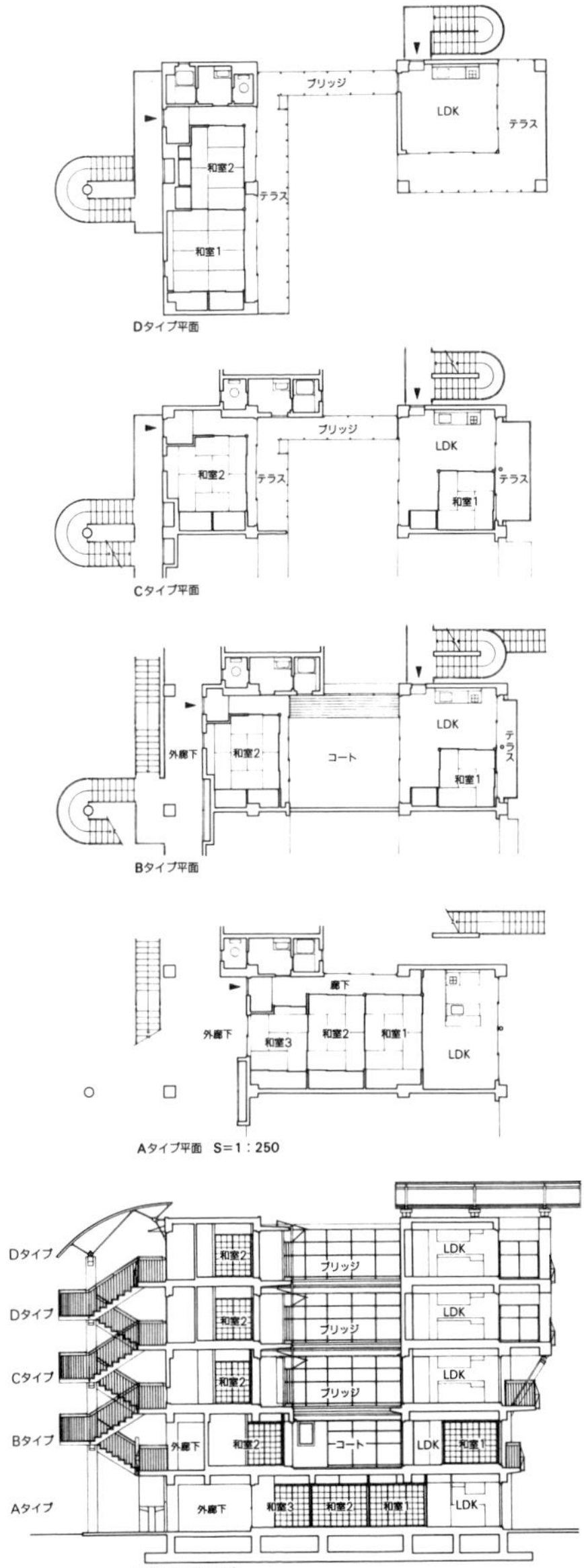

熊本県営保田窪第一団地の図面
（「建築文化」1992年６月号より）

みならず建築界からも多くの批判、揶揄などがあった。

だが、最近、私はふと、山本氏はそのような批判は予測していなかったはずはなく、むしろ、この絶望的に繋がりの断たれた現代社会において、衝突でもよいから、何とか人々が話しあう場を創りだし、それを通して、相互理解、和解、そして新たな、より開かれた建築への道を拓こうとしていたのではなかったかと思ったりする。

一度身に付いた生活感覚は容易に変わるものではない。それで、多くの建築家は、新しい建築を実現するため、人々に語りかけ、説明し、訴えたりする。だが、結局のところ、生活感覚は、住民自身が生活する中で、隣近所の人たちと不平不満を含めたおしゃべりなどを通して、やがて変化するのを待つことしかできないのではないか。建築家にできる建築的な仕事は、その議論のきっかけとなるものを建築として提供すること、それに尽きるのではないか。

実際、二〇一一年五月に放送されたテレビ番組『夢の扉』の中でも、保田窪第一団地の住民が、山本氏に対して非難を浴びせる集会の中で、ある一人暮らしのお年寄りが、中庭型の配置に関して「お隣の明かりが見えるだけで安心する」と述べたことから、その場の流れが変わったことが紹介されていた。それは、建築家に教えられたのではなく、住民たちが自ら議論を通して、向き合う住棟配置の安心感、開放的な住宅の心地よさを発見し、衝突が和解へと変化した瞬間だった。

大震災のあとの仮設住宅では、住民はさまざまなストレスをかかえている。旧弊をただし、新たな住宅をつくるといっても、その手法はこれまでの経験を生かした穏健なものが望ましい。だが、大震災を期に、これまで以上に「繋がり」の大切さが確認された現在、南面配置の合理性よりもコミュニティの維持の方が大切だという山本氏の主張は受入れられるのではないだろうか。そして、今まで、孤立・密室化の一途を辿って来た日本の住宅が、仮設住宅から、いよいよ大きく変わってゆくのではないかという希望も感じている。

エピローグ

二つの中央郵便局

東西ともに残してこそ

本書プロローグで取り上げた東京中央郵便局（以下東京中郵）は、その後、超党派議員が保存を訴えて働きかけたこともあり、二〇〇九年三月には当時の鳩山総務相が東京中郵をほんの一部残して建て替えをするのは「トキを焼き鳥にして食べるような話だ」と発言し、計画が見直された。

その結果、当初計画の倍の約三割が保存されることになった。現業室と呼ばれる郵便の仕分け配送業務を行う部分が失われたことは返す返すも残念であったが、通りに面した部分は表の壁一枚だけではなく、窓口業務部分を含む内部空間が残されたことは、幸いであった。

それから三年後の二〇一一年の年末、今度はいったん見送られた大阪中央郵便局（一九三九年、以下大阪中郵）の再開発計画が発表された。この計画は局舎を二〇一二年春にも取壊し、イベント広場として暫定的に活用、新たにオフィス等の入る新ビルを建てるというものである。

日本建築学会、日本建築家協会、ドコモモ・ジャパンなどが口を揃えて保存を訴えて来たにも関わらず、このような計画がなされることは由々しきことである。そこで、明けて二〇一二年の一月二九日、緊急シンポジウム「大阪中央郵便局とこれからの大阪を考える」が開催されることとなり、私も参加してきた。

会場は短期間の広報にも関わらず一五〇人以上の満席で関心の高さが窺えた。そして、大阪の近代都市計画研究者である橋爪紳也大阪府立大学教授、かつて郵政建築部に所属し、東京中郵の保存運動でも中心的な役割を果たした南一誠芝浦工業大学教授ら、各界の論者がこぞって大阪中郵の価値を訴え、建て替えに伴って失われるものの大きさを指摘するにつれ、私は、なぜこの局舎を壊さねばならないのかが、まったく分からなくなってしまった。

シンポジウムの後、改めて大阪中郵に立ち寄ってみると、この作品は、吉田が一九三一年に東京中郵を竣工させた同年、念願の欧米視察を果たし、その後一九三九年に完成させた作品だけあって、東京中郵に比べて、さらにシャープさの際立つ名作であることがひしひしと感じられた。

例えば、東京中郵はいまだ表現主義的な曲線が敷地の角の部分にあらわれているが、大阪中郵の角地はあくまで直線で切り取られている。仕上げのタイルも東京中郵では、建物本体、庇、塀、階段室床の角が丸みをおびたタイルで仕上げられているのに対し、大阪中郵ではピン角のタイルが使われている。また、色使いも東京中郵は暖かみのある白、大阪中郵は紫がかった黒となっていることからも渋さが増している。

徹底して装飾的な要素を排し、建物のそれぞれの機能に必要なヴォリュームを積み重ね、規則正しく合理的な骨組みで構成された大阪中郵は、東京中郵よりもさらに純度の高い近代建築だといえよう。

そして、東京と大阪の中郵は「白と黒」「丸と角」など、両極の世界を示す対の作品として、二つともに保存してこそ価値があることを私は確信した。

大阪駅周辺は駅舎を含め再開発が進行し、華やかな高層建築が次々に建てられている。その中にあって、大阪中郵を残すことは、それこそ、倉方俊輔大阪市立大学准教授が言うように、大変な意思と勇気を要することであろう。活用計画、敷地周辺を含むデザインも相当の力量が求められる。けれども、すでに新旧共存の魅力を理解している建築家たちならば、この建物を残しながら、活力ある都市像を描くことは十分可能である。ドコモモは二〇一二年現在、モダン・ムーヴメントに関わる作品をドコモモ一五〇選として選定して

東京中央郵便局〈右列〉と大阪中央郵便局

いる。しかし、それに挙げられている一連の同潤会アパートメントハウスは、もとは十七あったが次々と取壊され、最後の一つ、三ノ輪アパートメントも二〇一二年に解体が決定した。近代建築も、一つ、また一つと手放していったら、ある時、トキのように絶滅危惧種になってしまうかもしれない。一つたりともおろそかにしてはならないという気持ちで臨むべきである。

残念なことに、大阪中央郵便局は二〇一二年夏にごくごく一部を残して取り壊された。しかし、同時に建築史家と建築家五名が原告となり、国に対して大阪中央郵便局を重要文化財に指定するよう求める行政裁判を起こした。この裁判は、誰が建築の価値を評価し、文化財にする義務を持つのかということを問うたものだといえよう。

この点に関して、本書でもたびたび参照した英国においては、保護すべき歴史的建造物のリストの作成は、第二次世界大戦中の一九四四年、都市・農村計画法のもとで地方が作成を始めることになった。リスティングは地方自治体に課された義務であったのだ。そして、一九四七年の同法改正で「建造物保存命令」を出せるようにすることで、公共の利益が所有者の私的所有権に優先されることを明確にしたのである。

日本における登録文化財制度では、登録はそもそも所有者の申し出によるものであって、地方自治体には保護すべき建物のリストを作成する義務も権限もない。日本が所有者の自発的意志を尊重してきたこと自体は悪いことではない。むしろ、所有者主導でわずか十数年間のうちに九〇〇〇件もの登録文化財が生まれたことには、深い敬意を表したい。だが、所有者からの声を待っているばかりでは、まもりきれない建物が出て来るのは明らかである。

登録文化財は所有者の意思に任せるとしても、建築的価値から行政主導でより強力に指定をすすめるものがあってよいのではないか。

日本の登録文化財制度の導入は一九九六年であり、指定文化財との役割分担については、今、ようやく実地に即して再考する時期に来たともいえる。広島についての章（一五三頁）で述べたとおり、制度は変わらぬものではなく、時には制度を乗り越え、それをかえて行くことも必要である。これは、大阪中郵の裁判の結審で終わるのではなく、これからも続く現在進行中の課題である。

最後に、この種の運動は、建物のあるその地域の住民たちだけでなく、各地からの支援が大きな扶けとなる。近代建築は一部、インターナショナル・スタイルと呼ばれるものであった。保存運動も地域・国を越え、インターナショナルになることを願い、本書のむすびとしたい。

あとがき

十九世紀、英国における建築保存の理念的指導者であったJ・ラスキンが一八六四年十二月にマンチェスターで行った二つの講演をもとにした書物に『ごまとゆり』（一八六五刊行）というものがある。いささか奇妙に感じるタイトルだが、ごく簡単にまとめると、まず、「ごま」とは、かつて黄金にも匹敵するものとして珍重されたもので、ラスキンは、「ごま」に賢者の言説の宝庫である書物をなぞらえて、読書の重要性を説いている。

一方、「ゆり」とは、聖母マリアの受胎告知の場面などによく登場するように、純潔と無垢の象徴である。ラスキンは「ゆり」の花のあふれる庭園の統治者としての、よき女性の感化力とは何かを語っている。そこでは、行動者・創造者・発見者・擁護者としての男性に対して、戦闘ではなく統治に、発明や創造ではなく、気持ちのよい秩序・整頓および決定に向いている女性の力能について語られ、それが賛美されている。

このような二分論は、現在の男女平等が当たり前となっている世の中では、少々、時代遅れに感じられるかもしれないが、どちらの性にそれを割り当てるかは別として、創造と統治、行動と秩序といったもののバランスを取ることは、重要なことであろう。

だが、かえりみれば二十世紀、資本主義の世界では、大量生産体制のもと、モノが豊かに供され、その消費を存分に楽しむ社会が生まれた反面、あふれるモノを整理整頓し、気持ちのよい秩序をつくることが、おろそかにされてきたように思う。創造ばかりでなく、秩序だてること、建築でいえば、建設するばかりでなく、すでにつくられた建物を、気持ちよい状態にととのえ維持することの、よき担い手がほしいものである。

ラスキンから多大な影響を受けたW・モリスは一八七七年、古建築保護協会の設立宣言文の中で、古建築保護においては「日々の手入れ」が何よりも重要であると説いた。

こう語ることで、モリスは、当時、各地で行われていた、荒廃した建物を創建当初をはじめとした、ある理想的な形に甦らせようとする「レストレーション」という行為を痛烈に批判したのだが、実際、「レストレーション」の名のもとに行われる工事には、修理の範疇を越えた、大規模な改変がなされるものもあり、その根拠は不確かなものも多かった。というよりも、古い建物が、当時の建築家の創造行為、あるいは建築学者の学究成果の披露のための「素材」として扱われているきらいさえあった。そうした行為が古建築に及ばないようにするためには、そもそも、建物が荒廃するようなことをなくす日々の手入れが、何よりも有効な手だてだと、モリスは考えたのである。

そうして、日々の手入れをする中で、おそらく、人々は、何を継承すべきかを認識しはじめる。そこで、重要となるのが「記録」である。日本でも、年中行事絵巻をはじめ、有職故実、各分野における秘伝書などの伝統があるが、本書でもたびたび言及したドコモモは、Documentation（記録）を一つの使命とする団体である。近代建築の維持においても、記録の重要性は同様に認識されている。

しかしながら、物事は、記録しようにも記録しきれないところがある。日々、忘れられてゆく事象もあろう。建築史学が必要になるのはそのような時である。実物、文献、可能な場合は関係者への聞き取り等を通して、できる限り実証的に、建築の由緒由来を明らかにするのが建築史学である。建築というモノに、できるだけ多くのモノ語りをしてもらえるよう、耳を澄ますのだ。

おそらくそれは、古い建物ばかりでなく、新しい建物についても同様に必要なことであろう。建物は竣工後、すぐに維持保存の対象に入ると言ってもよい。建築家の話を聞いたり、建物を実際に見に行くことを通して、同時代人として、今の時代につくられた名品を理解し、その維持に貢献することもまた、建築保存の専門家の役割の一つである。

今、私が目指すのは、建築保存の世界において、建築保存運動をおこす必要のない状態をつくることである。日頃から、人々が身のまわりの建築の価値を理解し、尊重し、おのずと建築を長く使い続けたいと思ってもらえるようにしてゆきたいのである。

かくて本書は、建築保存とその周縁にわたる話題を多岐に扱ってきたが、これは、まさに、建築保存論の学際性ゆえのことでもあった。しかし一方で、説明不足、不正確な記述となっているところもあるかと思う。大方のご叱正を乞いたい。

本書をまとめるにあたり、多くの方々に謝意を表さねばならないが、とりわけ恩師の鈴木博之先生には、学生時代より今に至るまで数々の貴重なご教示をいただいていることに、改めて御礼申し上げたい。また、本書のもととなる連載をさせていただいた西日本新聞には、このように自由に執筆する機会と紙面を与えてくださったことを心より感謝している。当時の担当であった野中彰久氏には、毎回、的を射たすばらしいタイトルをつけていただいた。幅広い文化的視点に富んだコメント、感想が大いに励みとなった。後任の塩田芳久氏にも、同様の御礼を申し上げたい。九州産業大学の同僚はじめ、九州で知己を得た方々からは、慣れない地で、実にあたたかなご支援をいただいたことを感謝したい。そして、弦書房の野村亮氏には、九州の出版社から本書を刊行したいという私の希望を叶え、理想的なかたちで本をまとめていただいた。心より御礼申し上げる。

最後に、本書は、これまで、この道に進むことを支援しつづけてくれた母、そして亡父に捧げたい。

二〇一三年五月　　　　　　　　　　　　　　　　　　頴原澄子

本書は西日本新聞で二〇〇八年九月から十一月の毎週土曜に掲載された「近現代建築の生きる道」（全十回）および、二〇〇九年四月から二〇一一年二月にかけて隔月で掲載された「建築時評」（全十八回）をもとに加筆、再構成したものである。

〈著者略歴〉

頴原澄子（えばら・すみこ）

一九七二年生まれ。東京大学文学部西洋史学科卒業、文学士。同大学建築学科卒業、工学士。一九九七年より(株)宮本忠長建築設計事務所勤務。その後、ヨーク大学修士課程修了、MA。東京大学大学院工学系研究科建築学専攻修了、博士（工学）。武蔵大学非常勤講師、九州産業大学講師を経て一二年より千葉大学大学院工学研究科准教授。一級建築士。専門は建築史・建築保存論。

身近なところからはじめる
建築保存

二〇一三年六月二十日発行

著　者　頴《え》原《ばら》澄《すみ》子《こ》
発行者　小野静男
発行所　株式会社　弦書房
（〒810・0041）
福岡市中央区大名二－二－四三
ELK大名ビル三〇一
電　話　〇九二・七二六・九八八五
FAX　〇九二・七二六・九八八六

印刷　アロー印刷株式会社
製本　篠原製本株式会社

ISBN978-4-86329-090-7　C0052